それって、保育の常識ですか？

ほんとうに大切なこと35

柴田愛子

すずき出版

― はじめに ―

保育の世界に入って40年を越えました。

20代で幼稚園に就職し、戸惑う日々でした。失敗もたくさんしました。でも、頭は〝正しい保育〟を目指して、学ぶ気満々。数々の研究会に参加しました。5年でギブアップ。何が保育なのか、教育なのかわからない…。

幼稚園をやめて一般企業で働いてみました。けれど、毎日が繰り返しで、物足りません。やっぱり「子ども」。産休の代替えなどを転々とした後に、再び幼稚園に就職しました。そこは前の園とはずいぶん違う保育でした。障がい児も混ざっての保育を5年しました。

どなたもきっと、幼稚園や保育園をよく知っていて就職するわけではないと思います。初めて就職した園で「こういうものなのね」と戸惑いながら身につけていったのではないでしょうか？　初めて勤めた園で見聞きしたことは、かなり強烈に残っているように思います。「え？」「そうなの？」「へー、なーるほど」と感じた数々のことは、その後の保育を考える上での基準になっています。

1982年に『りんごの木』を創設しました。何ものにも縛られずに、やりたい保育ができる場を得られたのです。でも、実際どういう保育をしたいのかは見えていませんでした。そこで、幼稚園時代に「これは納得できなかった」というものはやらないようにしました。そして、子ども自身が何をしたいのかをよく見ることにしました。よほど危険だったり、迷惑がかからないかぎりは、やりたいことを保障してみることにしたのです。これは、とてもわかりやすい方法でした。自然と方向性が示されてきたように思います。

この本は、幼稚園や保育園のやり方が不満で書いたのではありません。通算すると10年間の幼稚園生活が私の基礎になっています。その上で私自身がどう感じ、考えていたのかを掘り起こし、自分の保育を探っていったのです。かつて詰め込んだ理論と、目の前の子どもたちの遊ぶ姿が交差しながら、手探りで進めてきました。試行錯誤しながら保育を重ねているうちに、なんとなく「自分らしい保育」が形づくられてきたことをお伝えしたかったのです。

子どもたちと自分の気持ちを見つめながら進めていくと、いつまでも驚きがあり、新鮮です。「感じたことを消さずに考える」すべてのスタートが、ここにあるような気がします。

ちょっと立ち止まって保育を考えてみませんか?

きっと「自分らしさ」に気がつくことができます。この本が刺激になって、「当たり前」と思っていたことに、ちょっとこだわって考えていただければ幸いです。

CONTENTS

[それって、保育の常識ですか？]

PART 3 それって、保育の常識ですか？

PART 1

子どもって思うようにいかない！

PART:1

01

机の上に乗っちゃった！

見守る？　注意する？　でも、子どもは夢中です

ある日、よっちゃんが積み木をしていました。上に高く積もうとしているようです。おやおや？　背の高さより高くなっています。賢いです。椅子を持ってきました。椅子の上に乗って上に積みました。まだまだ積もうとしています。彼は次にテーブルを引っ張ってきました。そうです、テーブルの上に乗って積んでいきます。くつは履いていませんが、「テーブルに乗るのはやめようね」と言うべ

きか、黙って見守るべきか…、困った。困ったと思っているうちに、彼はさらにテーブルの上に椅子を載せました。一応、安定はしています。天井近くまで届くほど積んで、彼は満足げに降りてきました。

「テーブルの上に乗るなんて言語道断。食事をするところですよ！」とおしかりの声が聞こえます。「これが知恵というものです」と、動物学者の声も聞こえます…。私だったら…？

またある日、しんちゃんが本棚の絵本を廊下に並べました。細長く列車のようにつなげた本の上を歩き始めました。

きゃあ！　どうしましょう。「本に乗っちゃだめ」と言おうかと迷っていたら、しんちゃんの口から「カタ　コト　カタ　コト」と聞こえました。そうです『三びきのやぎのがらがらどん』。

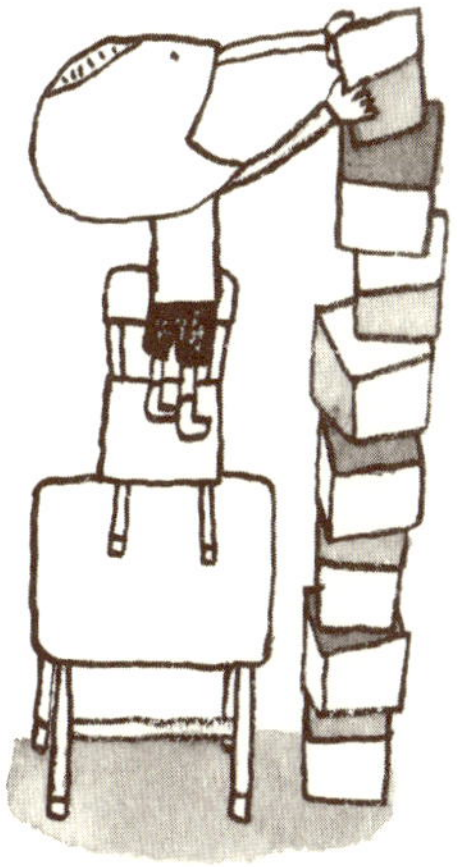

小さいやぎのがらがらどんが山のくさばで太ろうとして、トロルがいる川の橋を渡るときの音です。本は橋だったのです。

しつけか子どもの思いか…、自分自身が問われるとき

子どもたちといるとこんな戸惑いは日常茶飯事です。しつけか子どもの思い、どちらが大切か…。私は、前半の積み木に関しては、「まぁ、いいか。彼の達成感の方が大事。食事の時はテーブルをふけばいいし」と、落ちないように見守っていました。後半の絵本に関しては、二人担任の相棒が本好きで、彼が見ていられず「本を踏むのはやめてほしい！」と叫んだので、子どもはやめました。私は黙っていました。だって、いっしょにいる人（大人でも子どもでも）が、こんなに不快なことはやめた方がいいと思ったからです。

無意識に、常識として身につけてきたことがなんと多いことでしょう。子どものおかげで、いちいち自分自身を問われている気がします。

Aiko's語録

思いがけない子どもの行動が保育者を鍛えてくれる

こんな時、どうする？

Q ケガや事故が怖くて、ちょっとのことでもすぐに注意してしまいます…

A 起こりうることを想定し、回避する方法を考えて

子どもをよーく見てみましょう。子どもが「何を」「どう」やりたがっているのか。そして、それをやるとどんなことが起き、どんなケガの可能性があるのかを考えます。すると、声をかけた方がいいのか、やめさせた方がいいのか、物を支えた方がいいのか、どけた方がいいのか、という方法がわかります。ただ漠然と、ヒヤヒヤするからやめさせるということでは、子どものチャレンジ精神を奪ってしまいます。

PART：1

02

静かにして！こっちを見て！

いっこうに子どもが静かにならなかった新人のころ

子どもって、どうしてうるさいんでしょう。私が話そうとしているのに、いっこうに静かにならない。初めて4歳児を受け持ったとき、愕然としましたね。実習のときはそんなに困らなかったし、一応制作もしたのです。ところが幼稚園に勤め始め、教室に子どもが36人、先生が私一人になったら、こんなにも言うことを聞かなくなるなんて…。声帯が弱い私の声はみるみるしわがれていきます。

声に代えて、手をたたいてみました。少しこちらを見ますが、あまり効果なし。

ピアノをたたいてみました。効果あり！

手遊びをしてみました。効果あり！

紙芝居を始めます。なんと、話が聞けない子どもだって集中して見ています。これは不思議。だって、どんな紙芝居だって静かに見ます。交通安全のだって。内容はさておき、魅力があるようです。

絵本も比較的見ますが、これは内容と長さが関係しています。

しかし、これらを使って静かにさせた後、私は何を子どもたちにさせたかったのかとなると、こちらの課題である制作やワークブックなどなど…。

一応、説明までは静けさは保たれます。が、数分後は〝元《もと》の木阿弥《もくあみ》〟。

いっそのこと、子どもたちが静かにしてくれる手遊びや紙芝居、絵本を充実させてもいいんじゃない？　だって、それだけ気を向けられるものだということですものね。手遊びなんてとことん楽しめるものですもの。みんながひとつになって、遊べるものはクラスの仲間作りにも役立つでしょう。

ベテランの先生なら静かになる…なめられている？　でも、それでいい

ところで、ここがベテランと違うところだと思いませんか？

どういうわけか、ベテランの先生は大声を出さなくても、音を出さなくても、手遊びをしなくても、前に立っただけで静かになったりしますよね。

口に出さなくても「静かにしなさい！」というオー

ラが出ているのでしょうか？　そして言われてしまうことが「子どもになめられてるのよ」。

でもいいんです。なめられていて。だって、子どもにも子どもに近い人がわかるということです。20代が、40、50代を目指す必要はありません。一気に経験年数を重ねて年寄りになる必要はないのです。

右往左往して困りながら、いろんなやり方にチャレンジしていきましょう。

Aiko's語録

保育の経験は積んでいくもの急いでも経験を追い越すことは難しい

PART:1

03

ドアを閉めない、片づけない

子どもは動物に近いからかもしれない…そう思うと腹が立たなくなりました

寒い冬。部屋の中はストーブをたいています。なのに、子どもが出たり入ったり。そのたびに「閉めて!」と叫びます。でも、子どもはドアを閉めません。外に面している出入り口からは、ぴゅーぴゅうと冷たい風が入ってきます。「もう」と立ち上がっては

閉めるという繰り返し。

どうして、子どもはドアを閉めないのだろうかと数日考えていました。

そして、わかったのです。動物に近いからです。だって、考えてみてください。入ってから身体の向きを変えてドアを閉める動物なんていないと思いませんか？　だから、ネコを飼っている家には、入ったら自動的に閉まるパタパタする扉がついた出入り口を用意するではありませんか。

子どもは動物的本能が強い間は、ドアを閉めようという発想がないし、できないのだと思ったとたん腹が立たなくなりました。ネコのような扉をつけるか、私がいちいち閉めるか、寒くてもいいように厚着するしかない。覚悟が決まりました。ちなみに5歳ごろから閉める子が出始めます。人間に育ってきたのです。

片づけないのも同様に思えます。「お片づけよー」と言ってもなかなかきれいになりません。ときには「片づけの時間」と言うと、いそいそとトイレに向かう子までいます。これには親たちも頭を抱えているようです。

保育者が工夫をして、いっしょにやるしかないようです

確かに整理整頓が好きな動物は少ないと思いませんか？　基本的に片づけるとさっぱりするという感覚が子どもにはないのではないでしょうか？　だからあきらめる？　いえいえ、あきらめられません。そのままお弁当にはできないし、帰ってほしくはありません。

これは工夫の余地があります。「ブロックをここに入れて」「人形がこの棚ね」と具体的な指示をする。または、一つないと気になるような収納方法にする。

いずれにしても、「お片づけよー」と声だけかけて、きれいになるということはめったになく、保育者がいっしょにやる以外にはないようです。らくして思うようにいかないのが子どもかもしれません。

思い起こせば、私の机の上がきれいになったのは、中学生くらいからだったような…。

Aiko's語録

子どもは自由人前しか向いていないもの

こんな時、どうする？

Q いつもきちんと片づける子と人任せにして片づけない子がいます…

A 片づける子が損した気分にならないように感謝を口にして

ほんとに子どもによって違います。要領のいい子は片づけるふりをしたり、隠れてしまったり。きちんと片づける子はまじめに大人の言うことに取り組む子ですね。片づけるとさっぱりするという感覚をすでに身につけているのかもしれません。でも、そんな子がいるおかげで片づくのです。ありがたい存在です。そんな子が損をした気分にならないように「あなたのおかげ」と感謝を口に出して褒めましょう。

PART:1

04

子どもの好きなもの

なぜ、子どもは棒を拾うのか…
子どもの発達に必要なのかしら？

散歩に行くと、子どもは木の枝や棒を拾います。林の中に行くと、まるで、たきぎ拾いのように束にして抱えます。

さらに振り回したりして、危なくて仕方ない。どうしてなんでしょう？

子どもは小さいから、棒を持つと高いところまで手が届くのでうれしいのかしら？　子どもは弱いから、棒を持つと強くなった気がするのかしら？　ほとんどの子どもは「拾わないの！」と怒らなければ、拾います。

子どもの育ちの中で棒は必要なのかしら？　と思って、本などをあさってみますが、そんな理論にはお目にかかりません。

子どもが好きなものって理屈じゃないんですね

あるとき、水たまりの中をパチャパチャと駆け抜ける子どもがいました。

「どうして、わざわざ、水の中を通るの！」と声をかけているお母さんがいました。そのとき、3歳くらいの子どもがこう答えたのです。

「だって、すきなんだもん！」って。

この言葉でハッとしました。そうです。理屈ではなく、「子どもは棒が好き」。

私たちはいつも訳が知りたい。そして、それが子どもの発達上、足しになっているならば、納得してやらせることができる。けど、こんなふうに、よくわからないけど「好き」なんだと納得してもいいのかも。

そのほかにもあります。石を拾います。普段歩いている道、駐車場、とんでもないところにもきれいな石や変わった石が落ちているものです。子どもにとっては宝物。不思議と石に関しては、大人も受け入れることができませんか？　どうしてかしら？　宝石が好きな大人の気持ちに近いのでしょうか？　でも、「家の中には持ち込まないで！」と言われたりしていますけどね。

ほかには、木の実も拾います。くぎや瀬戸物の破片、ミミズやカエルのひからびたのもよく拾います。子どもは収集家。背が小さいので地面に落ちている物が目につきやすいのでしょう。大人の価値観とは全く違う「子どもの好きなもの」です。でも、子どものこんな気持ちに、ホッとしたりもしますね。

Aiko's語録

“好き”ほど強い衝動はない

こんな時、どうする？

Q どうしても虫が苦手です。
でも虫好きな子が多くて、あまり嫌な顔もできず…

A 知ろうとするとおもしろくなっていきます

なんで子どもは虫が好きなんでしょう？　子どもに聞いてみてください。「この口がおもしろい」「すごいんだよ！」と説明してくれます。漠然と嫌っていたものでも、知っていくと案外おもしろくなりますよ。あとは慣れでしょう。見慣れていくうちに、触れられるようになっていきます。まずは、子どもの陰からのぞくことから始めてみましょう。

PART：1

05

くつを隠す子

ほかの子のくつを隠して、自分で見つけてくる子

はじめちゃんが「くつがない」と言います。

「誰か知らない？」と聞くと「しらない」と全員が言います。

「困ったね、じゃあ、みんなで探そうか」と、あちこちを探していると、「あったよー」とゆうくんが持ってきました。

「よかった。よかった」と本人もみんなも喜んで一件落着。

ところが、翌日はみっちゃんが「くつがない」と言います。また、みんなで探していると、ゆうくんが「あったよー」と差し出します。

え……？

またです！　くつがない、「あったよー」とゆうくん。どうも、ゆうくんが隠しているとしか思えません。頻繁にやります。

「あったよー」と持って来るゆうくんは、うれしそうに、にこにこしています。

担任は頭を抱えてしまいました……。

「うそはいけないよ」と言うべきか「隠すのはやめなさい」と言うべきか、どうしかればいいのか悩んでしまいました。

「ぼくをみて！」のサインに「大事に思っているよ」のメッセージを

私はこんなふうに思いました。ゆうくんは、みんなが注目して喜んでくれるのがうれしいのではないだろうか？

ゆうくんには、良いとか悪いとか、うそをついているとかという自覚はなく、心が「ぼくをみて！」「ぼくをみつけて！」と叫んでいるのではないだろうかと。

そういう気持ちの背景はどこから来ているのかはわからない。担任ともっと強い絆で結ばれたいと思っているのか、クラスの仲間として大事にされたいのか、もしくは家の中で不安感を抱えているのか、その事実を知ることはできない。けれど、彼の「みて！」「みつけて！」の気持ちは受け止めたい。

そっと近づいて「隠したでしょう！　見えてたよ」と小声でつぶやいて、「やめようね」と言ってもいいかもしれない。けど、もっと、抱いたり、褒めたり、注目したりして、「大事に思っているよ」というメッセージを心がけていくことが彼のサインに答えていくことのように思います。

Aiko's語録

子どもはみんな愛されたがっている

子どものサインはわかりにくいもの。往々にして困るようなことをしてくれるものです。

「ぼくをだいじにしてね」「ぼくのことすき？」「ぼく、こころぼそいんです」なんて、言葉で言ってくれる子はいませんからね。

PART:1

06

アメを配ってる！

アメやおもちゃで友達を釣る…その気持ちは切ないほど伝わってきます

3歳児が2階の隅でコソコソやっていました。

そっと、わからないように近づいてみたら、なんとこうちゃんがアメを配っていました！　「ちょうだい、ちょうだい」と子どもが群がっています。

8個くらいあったようですが、全員分はありませんでした。配り終えても「ちょうだい、ちょうだい」の子どもたちは、こうちゃんを囲んでいます。

すると、彼はこう言いました。「うちにくると、もっといっぱいあるよ。きょう、きてもいいよ」って。

なんて、頭のいいというか、悪知恵が回るこうちゃんでしょう。あきれてしまいました。

友達がほしいから、家に遊びに来てほしいから、友達をアメで釣ったのです。

子どもにアメの威力は絶大ですよね。

アメがあれば、ほとんど言うことを聞いてくれるくらいの、魔法の玉です。私もときどきこの手を使います。どうにも疲れて歩けなくなってしまった子どもたちに「元気の素」と、アメを一粒口に入れてあげると百万馬力。

しかし、3歳にしてこの手を使うとは思いもしませんでした。

かつて、こんなこともありました。4月、ゆうくんは、毎日山ほどのおもちゃ

を持ってきました。ゆうくんが来ると子どもたちが群がります。「かして、かして」とおもちゃに手を出します。ゆうくんは、得意顔で「いいよ」と貸します。

これは、ゆうくんが考えた友達作りの方法なのです。

やがて、ゆうくんのおもちゃに子どもたちが飽きてくると、ゆうくんの周りに友達は残っていません。ゆうくんのおもちゃは、どんどん高価な物になっていきました。

とうとう、ラジコンの赤い車を持ってきました。これにも子どもたちは群がりました。けど、これは一人しかできません。それに、ゆうくんは「いいよ」と簡単に貸してくれません。お父さんから借りてきたようです。だんだん、子どもたちはラジコンにさえ釣られなくなってしまいました。ゆうくんは、あきらめたようです。いえ、気がついたようです。「友達は物では釣れない」と。

アメを配ったこうちゃんも、おもちゃを持ってきたゆうくんも、「友達がほしいの」と言っているんですよね。友達作りの方法を一生懸命自分の中で考えて、あの手この手をやってみている気持ちは切ないほど伝わってきます。

大事なおもちゃが心の支えになることもあるので「おもちゃを持ってきてはいけない」ルールは作りません

私は「おもちゃを持ってきてはいけない」というルールを作っていません。

入園当初や、心が不安定なとき、大事なおもちゃが心の支えになるときがあります。自分のおもちゃを見せびらかしたい子どもの気持ちもあります。園でも友達と自分のおもちゃでいっしょに遊びたいという気持ちもあります。こんなふうに友達がほしいからというときもあります。おもちゃを持ってくるには、子どもなりの訳があるのです。

「おもちゃを持ってきてもいいなんて言ったら、とんでもないことになりませんか?」と言われますが、とんでもないことにはなりません。

気持ちが元気になったら、おもちゃに頼らないで登園してきます。

大事なおもちゃを壊されたり、壊れたりしたら持ってこなくなります。結局は、だんだん持ってこなくなるのが通例です。

この二人にも黙っていました。こうちゃんは、アメを配っているとき、隅でやっていました。どこか、後ろめたさはあったのでしょう。

この二人の場合、
1. そのやり方は違うと注意する方法
2. 友達ができるように援助してあげる方法
3. だまって、見守る方法
どれがいいのでしょうね。難しいですね。どの方法もありでしょう。

まあ、いずれにしても、まもなく二人は、遊んでいるうちに自然と友達を作っていきました。

Aiko's語録

あの手この手は生きる技

こんな時、どうする？

Q 子どもが“もの”を使って友達関係を作ろうとすることに抵抗を感じてしまうのですが…

A 体験してから、それが有効かどうかわかっていきます

子どもは少ない体験と本能から、頭をめぐらせ、友達になるための方法を考え出します。そして、「いいこと考えた！」とやってみるのです。やってみて、それが有効かどうかを知ります。そのうちに、物はあげたときだけしか有効でないことを知っていきます。友達作りも体験してこそ、方法を身につけていくのです。あなたが抵抗を感じるのはどうしてでしょう？　経験から？　それとも理性がストップをかける？　自分の育ちを振り返ってみましょう。

PART:1

07

子どもはけんかが好き

けんかをするのは〝仲良しだから〟子どもたち自身が気がつきました

3歳児くらいまでは、けんかといっても物の取り合いが圧倒的に多いですよね。でも、わざわざほかの子が持っている物がほしい、たとえ同じ物があっても承知しない、つまり、その子が使っている、それがほしいってことは、その子に興味があるってことでもありますね。一つのコミュニケーションの始まりともいえると思っています。「かして」「どうぞ」なんて、大人の思い通りにはいきません。取っ組み合いなど、「ありったけのけんか」は、やはり4、5歳児からです。特に5歳児のけんかはすごいです。

「あなたたち、けんかが好きねぇ」と子どもに言ったら、「すきなんじゃないよ。なっちゃうんだよ」と返してきました。

「へぇー！　そうなのか」と妙に納得しました。そういえば、けんかの相手はだいたい決まっています。こうたくんはだいたい、たいくん。あおいくんは、かなめちゃん。ゆりちゃんは、あかりちゃん。ゆうきくんは、よっちゃ

かわりばんこにつかうって
やくそくしたじゃないか!!
おまえがちゃんとかえさないからわるいんだよ!!

ん。けんかをするのは、「よくあそんでいるヤツとだな」と、子どもたちは気がつきました。「どうしてなのかしら？」と聞くと「だって、なかよしじゃなかったら、どんなけんかになるかわかんなくてこわいもん」と言います。なーるほど。

子どもたちの心の動きを見ていると、「けんかはダメ！」と、ひと言では言えなくなりました。けんかの原因は物の取り合いというシンプルなものばかりではありません。勘違いも案外多いです。感情のはけ口（八つ当たり）、集中時間が長すぎて心身を解放したいため、友達関係の嫉妬やねたみ、考え方の

違いなど、さまざまです。いずれにしても心の表現を仲良し同士がぶつけ合うことで消化しているのは事実です。仲良しだからこそ、けんかの後も簡単に仲直りしています。けんかは、「けんかができる間柄」ということですね。

けんかを通して動く子どもの心や想い…もったいなくて「ダメ」とは言えなくなりました

そこで、『りんごの木』では、けんかは禁止にはしていません。しかし、気をつけていることがあります。

◎1対1であること。

◎素手であること（物を持っていると、大きなケガにつながることがあります。ケガになると心の傷になりかねませんから）。

◎どちらかがやる気をなくしたらおしまい（子どもたちは泣いた方が負けとシンプルに判断しているようです）。

あるときのこと、顔にひっかき傷を作ってしまった子がいました。ひっかいた方が勝ったのですが、その子は傷を見る度に心が痛むと言いました。そこで、子どもたちから生まれたルールは「かおなし！」です。

けんかを通しての心の動き、ありったけをぶつけ合う姿、そして、その後の子どもの関係を見ていると、もったいなくて「ダメ」とは言えなくなりました。

子ども同士のけんかで、溝ができたことはありません。親同士の問題にさえならなければね。

Aiko's 語録

けんかをするのはけんかができる間柄

こんな時、どうする？

Q 「けんか」と「いじめ」の違いは？
幼児期に「いじめ」ってあるのでしょうか？

A 弱いとわかっていてやるのは「いじめ」だと思います

幼児期にも、強い者が弱い者をいじめることがあります。気持ちを対等にぶつけ合うのは「けんか」ですが、相手が弱くてしかけるのは「いじめ」だと思います。特に、５歳児は「つるむと強い」ということがわかり、数人で一人をやっつけることが起こります。ですから、保育者は目を光らせておくことが必要です。子どもはやってみてしまうのです。やってしまったときに、大人がしっかりしかることで、「悪い事」の意識づけをしなくてはなりません。「弱いとわかっていてやるのは、人間のくず」なんて、私は言ってしまいます。意味がわからないかもしれませんが、「許されないこと」というニュアンスは伝わると思っています。

PART:1

08

乱暴な子

「困った子」には気持ちに寄り添うこと それしか手立てが思いつきません

まったく困ってしまいます。手が出る子。

3歳児。すぐに相手の顔をねらい、ひっかいたり、たたいたりしてしまう。それも、相手の子が静かな女の子だったりして、親も巻き込んで大騒動になってしまうことも。人の物を取る、人に襲いかかる、物を投

げる…。保育者に対しても背中から飛びつく、おしりをたたくなど、ともかく乱暴者。

だからといって隔離するわけにもいかないじゃないですか。おまけに、手が出るのが素早くて、止める時間もありません。

どうして、乱暴してしまうのでしょう？　本人が好んでやっているのでしょうか？　親の愛情が足りないのでしょうか？　親がたたいているのでしょうか？

どうも、そんなことではない気がします。

よくよくつき合ってみると、変でもないし、案外優しかったりもします。どうも、その子はそういうふうにしか自分を表現できないのかも。無自覚に乱暴になっちゃうようです。

ともかく「困った子」をどうするかは、その子を受け止めるより仕方ありません。それには、まず、近づくことです。その子の気持ちに寄り添ってみること以外に手立てを思いつきません。

「わかってくれる」と気づくと荒れなくなったのです

けんちゃんがミニカーを持っている子に近づきました。あ！　顔をひっかきそう！　慌てて、抱きしめます。「ミニカー、使いたいね」（想像でしかありませんが）と共感してから、けんちゃんに代わって「これ貸してくれる？」と相手に伝えます。「だめ！」と相手に言われたら、「残念だったね。こっちのミニカーでがまんしようか」と遊びに誘います。

紙で何か作っている子に近づいて行ったと思ったら、取り上げてぐちゃぐちゃに！　泣いている相手の子には「悲しいよね。せっかく作っていたのにね。ごめんね」と伝えておいて、けんちゃんには「ぼくもこんなの作りたかったよね。いっしょに作ろうか」。

やった行為自体は謝るべきことですが、けんちゃんは、自分がやりたいという

気持ちでいっぱい。相手に謝るなんて気持ちはまったく芽吹いていませんから、今のところ強引に「ごめんなさい」と言わせても本人の心には響かないでしょう。

こんなことを繰り返していくうちに、私はわかってくれると思ったのでしょう。次は、私に言いつけに来るようになりました。「あれ！　あれ！」って、自分がやりたいことをやっている子やほしい物を持っている子を指さします。手下のように「そうか、あれやりたいね。じゃあ、いっしょに行ってみよう」と手をつないで赴き、「貸してくれる？」と私が聞きます。すると今度は、「だめ」と言われて「だめだって、残念だったね」と言っても、荒れなくなったのです。

トラブルメーカーを「ダメな子」と決めつけないように、仕事魂に火をつけて！

この繰り返しの後、自分で「かして」と言うようになりました。精神的に成長したこともあるでしょうけれど、わかってくれる人がいること、そして、見本を示してくれる人がいることで、彼は自分の気持ちの表現法を学んでくれたように思います。相変わらず、あいさつ代わりに私のおしりをたたいてきますが、要求を暴力によって表現することはなくなってきました。

そして、乱暴者と思っていたけんちゃんは、案外几帳面で折り紙が好きだったり、お弁当のナフキンをきちんと畳んだりする子どもでした。

性格とは関係なく、単に表現方法が未熟だったということなのでしょう。

いずれにしても、こういうトラブルメーカーの子を「ダメな子」「きらい！　あの子さえいなかったら」と思わないで、自分の仕事魂に火をつけましょう。

いやー、保育って大変です。でも、子どもが変わっていく様を見ると、うれしくてやめられない仕事でもあります。

Aiko's語録

乱暴な子は〝悪い子〟ではありません

こんな時、どうする？

Q 苦手意識を持ってはいけないと思いながらもどうしてもウマが合わない子がいます…

A 保育のプロなのですから、選り好みしてはいけません

ウマが合うとか、合わないとか、口にしてはいけないことだと思います。だって、私たちは保育のプロなのです。選り好みしていい立場ではありません。すべての子どもに守られている安心感を届けるのが基本です。子どもにとっては、園で頼れる大人は担任しかいません。先生に疎まれていると感じたり、わかってもらえないさみしさを感じたりしたら、子どもはどうすればいいのでしょう。苦手で、わかりづらい子がいたら、近寄ってよーく見てください。抱いてみてください。きっと、その子の真の心が見えてきます。

PART：1

09

子どもと遊ばない子

子どもと遊ばずに私の側にいるゆうくんが突然、やんちゃな子の三輪車を使いたいと言って…

おびえたように庭の隅にいるゆうくんは、3月生まれの3歳児。一人っ子で大人の中で育ってきたせいでしょうか、幼いせいでしょうか、子どもの集団に近づいていきません。すべり台に一人のときはいいのですが、誰かが来ると慌てて降りてきてしまいます。

そして、いつも腰巾着のように私の側にいます。ときには私の衣服の裾をもっているのに、抱こうとするといやがります。人に対して警戒心が強い？　お母さんも子どもと遊ばないことを心配しています。家では「あっくんがこわい」と言っているそうです。あっくんは一番のやんちゃ。身体の動かし方が抜群で、いつも園の三輪車を乗り回しています。それも、赤い三輪車と決めていて、完全に私物化しています。

ある日、ゆうくんと私は庭の隅で砂を集めて、ちまちまと遊んでいました。あっくんは、大きなシャベルを使って砂場に穴を掘っています。いつもの三輪車は、近くに置かれています。

ゆうくんは、それを見て「あっくんのさんりんしゃにのりたい」と言うじゃありませんか！　よりにもよって、あっくんのを使いたいって、どういうことでしょう？

「じゃあ、貸してって言ってみれば」と私が言うと、あっくんに近づいていきました。そして言ったのです。「かして」って、小さな声で。すかさず「ダメ！」と言われてしまいました。ゆうくんは、すごすごと帰ってきました。「だめだった…」って。「残念だったね…」と私。

大人がどう手出ししても子どもなりのつながり方にはかなわない

しばらくすると、ゆうくんは、また言いました。「やっぱり、あのさんりんしゃにのりたい」って。そして、また行きました、あっくんの近くまで。さっきより大きい声で「かして」と言いました。「ダメ!!」と倍以上の声で返されてしまいました。ゆうくんは、泣きながら帰ってきました。「だめだった…」。

歯がゆさを感じた私は、ゆうくんに見本を見せてあげようと思いました。ほしい物は力ずくでも奪い取る方法があることを知らせようと。

私は、あっくんに近づき、三輪車に手を掛け、「貸して！」と言いました。「ダメ！」とあっくん。「だって、今、使っていないじゃない。だから、貸して」と言うと、あっくんは砂場から出てきて三輪車に手を掛け、「ダメ！」と言います。「だから、今、使っていないでしょ！　後で返す」と、私とあっくんは三輪車の取り合いになりました。とうとう、あっくんは泣き出してしまいました。

でも、でも、私だって、ここで引き下がるわけにはいきません。

とうとう、あっくんは手を離しました。「いいよ」って。私の勝利ですが、なんとも気分は良くありません。なにしろ、泣く子どもから奪い取ったのですから、後ろめたいです。

こうなったら、使わないなんて失礼ですから、私は三輪車に乗って庭を一周しました。そして、ゆうくんのところまで行き、「ゆうくん、これ、貸してあげる！」

と言いました。すると、ゆうくんは困った顔になって、でも、一応乗りました。3秒くらい。

立ち上がったゆうくんは、なんとしたことか、あっくんのところに三輪車を持って行ったのです。「もう、いい」って。

やっぱり、奪い取る方法なんか、ゆうくんにはできないよね。しょぼくれた私と、ゆうくんは、しゃがんで砂をいじっていました。

すると、そこへあっくんが現れたのです。三輪車を持って！　さらにこう言いました。「これ、いいよ。じゅんばん」って、ゆうくんに差し出したのです。

ゆうくんは三輪車に乗りました。

ゆうくんとあっくんは笑顔でつながりました。

「怖い」は「好き」の始まりだったんですね

子どもってすごい！　ゆうくんは、怖いのもあって、あっくんばかりを目で追っていたのでしょう。そして、近づきたくなったのです。「怖い」は「気になる」、やがて「好き」の始まりでした。この日から二人は遊ぶようになりました。

Aiko's語録

子どもは言葉を使わない心のコミュニケーションができる

まいっちゃいます。子どもは、こんなコミュニケーションを取るんですね。こんなふうに友達になっていくんですね。わかりにくいったらありゃしない。

でも、すてきです！

PART:1

10

じっと見ているだけの子

壁に張りつき、動かないかよちゃん 根気よく見守っていたら…

かつて、「壁際のかよちゃん」と名づけた子がいました。

4月の入園当初でしたが、泣かずにお母さんから離れます。くつも荷物も所定の場所にしまいます。それから後です！　ずっと、壁際に張りついて動きません。「あそぼ！」なんて声をかけたら横を向いて固まってしまいます。

そこで、彼女は壁になっているんだから、壁には話しかけてはいけない、と知らんぷりを決め込みました。近づかなければ、だんだんと表情が和らいできます。翌日も、翌々日も、彼女は壁でした。お母さんが迎えに来ると、とたんに壁はぐにゃぐにゃと柔らかくなり、笑顔満面でお母さんに向かって走って行きます。

彼女の警戒心は、日々少しずつほどけていたようでした。紙芝居をかよちゃんの見える位置でみんなに見せてみました。すると、壁際で立っているかよちゃんの目がキラッとしました。さらにほほが緩んで笑っているのです。

その翌日、彼女を観察していると、ともちゃんを目で追っています。ともちゃんに関心があるのでしょう。そのともちゃんは粘土が好きです。そこで、粘土が置いてあるテーブルをかよちゃんの近くに運んでみました。当然、ともちゃんは粘土の近くに移動しました。すると、ともちゃんは、視界に入っているかよちゃんに「やる？」と声をかけたのです。かよちゃんは「うん」とうなずきました。かよちゃんが壁から子どもに戻った、めでたい瞬間でした。

1年間、造形をしなかった子が「造形大好き」に！無理やりやらせて成功した例はありません

こうくんも同じようなタイプでした。この子は一斉で造形をやる時間になると机の下に隠れてしまいます。もちろん、何もやりません。でも、やらないからといって苦痛ではなさそうに机の下にいます。無理やり引っぱり出しても、やるわけではないし、「まあ、いいか」とほうっておきました。

このころは私もだいぶベテランになっていたので、「まあ、いいか」と思えたのかもしれません。お母さんには、こうくんがやらないから作品がないことを伝え、了解してもらったという安心感もあったかもしれません。なんと、一年近くでした。ところが、その後、彼が一番好きなことが「造形！」になったのです。机の下から丁寧にずっと見ていたのです。自分がやりたい状況になったときには、説明不要で、意欲的でした。

怒ったり、無理やり言い聞かせてやらせたりして、成功した例はないですね。まず、ありのままを受け止めて、本人自身が動き出すのを待つ以外にない、というのが、とりあえず今の私のやり方です。

Aiko's 語録

いろんな子がいるから
おもしろい
いろんな子がいるから
みんなが育つ

PART:1

11

子どもが好きな先生

チャラチャラしていて、不まじめだった担任のことを「大好きだった」と言う子がいて…

子どもって先生を評価することができるのでしょうか?

だって、すごくまじめで、勉強熱心で、保育者として評価したい人のクラスと、チャラチャラしていて、仕事が終わったらさっさとおしゃれして帰って行く保育者のクラスとでの「保育者と子ども」の関係に差がないみたいなのです。

こんなことを感じたのは、ここ数年の話。

初めこそチャラチャラしていた私ですが、研究会に行ったり、講演会に行ったり、本を読んだり、結構熱心な先生でした。ほかのクラスには気が回っていなかったので、比較はしていませんでしたが、自分のクラスは「いいクラス」と自負していました。

ところがですよ、まったく勉強していないし、いっしょに保育の話をしたいとも思わなかった保育者がいました。壁面装飾は保育雑誌そのまま。カリキュラム通りにこなしてはいるものの、情熱は感じられない。暇があると車の教習本を開いていたし、勤務時間が終わるとさっさと帰るし…。

最近、その担任の受け持ちだった子（すでに大人）と話す機会がありました。

すると、当時のことをすごーく細かく覚えているのです。先生の声かけで救われたこと、厳しかったけど楽しかったこと、そして「大好きだった」と言うのです。正直、ショックでした。「あんな先生のクラスの子は気の毒だ！」くらいに思っていましたからね。

保育者同士や親との関係とはまったく違う、子どもと保育者の関係があるということなんですかね。

子どもにとって担任は命綱
どんな先生でも好きになる存在なのです

親を選べないのと同様に子どもは担任を選べません。でも、その人が園では唯一の命綱。評価なんてしていません。みんな好きになろう、好きになりたいと思っているのです。

もしかしたら私が思っていたより、その人はいい先生だったのかもしれません。勉強熱心ではなかったけど、時間の使い方も私とは違ったけれど、子どもには正直に向き合っていたのかもしれません。保育者としての評価は低くても、子どもの先生に対する評価は高かったのかもしれません。簡単に保育者として除外視していた自分を恥ずかしく思いました。

そして、担任は「子どもにとって唯一の頼みの綱である」という原点を自覚することは大事なことだと改めて感じました。どんな私でも受け止め、好きになってくれる存在なのですから。

Aiko's語録

担任は子どもの命綱 どの子も先生が大好き

PART:1

12

約束を守らない子どもたち

約束は困ったときに子どもと作る そうすると、納得のいく約束になります

子どもってどうして約束を守らないんでしょう。

例えば、「すべり台は上から滑る」という約束。下から登っていくんです。上から滑り降りてきた子どもと、下から登っていった子とぶつかったら危ないという気持ちから、大人は約束を決めます。でも、見張っていないと破ります。

『りんごの木』を始めたとき、「約束はなし・・」にしました。なぜかというと、どうも子どもたちは「守らなければいけない」と言い聞かされているだけで、「守りたい」とは思っていないことが多いような、訳がわからずに「守らされている」ような気がするからです。言い換えると「命令」でしかない。

不都合が生じたときに、子どもと約束やルールを作っていけばいいのだ、と思ったのです。そうすれば、子どもたちの納得いく正真正銘の約束になるはずです。ルールは、守らなければいけないものではなく、困ったときに作っていくものにするということです。

すべり台を下から登る、うつ伏せで滑る…これって子どもの発達上の姿なのかしら？

さて、すべり台はどうも4歳近くになると下から登るようです。どうして？同じころ、散歩に出かけると、崖登りに凝る子どもたちの姿を見ます。ひょっとして、これって子どもの発達上、要求していること？

5歳児は、すべり台を頭からうつ伏せで「ウルトラマン滑り」をやったり、上から水をまいたり、砂をまいたりします。それは泥団子を作るときに芯になる土と水の割合を工夫したり、上にかける白砂を選び、ふるいにかけたりして使う研究者のような子どもの姿と同じように見えます。あれこれ探求する意欲です。

これも、発達上の姿？

そう考えると、すべり台の上から滑り降りることで満足しているのは1、2歳児だけ？　大人が安全を考えてのことは、実は子どもの発達を無視している？

4、5歳児の遊びが、1歳児には危なっかしくて仕方がない、というのが現状だとすると、さあ、どうしましょう？

1. 「小さい子がいるときは気をつけてね」と子どもに伝える。

2. 小さい子と大きい子の遊ぶ時間をずらす。

3. 子どもたちと話し合って、何が危ないのかを考える。

3にした場合は、子どもたちとルールを作ることができますね。「小さい子がいるときはやらない」「『どいて！』と、大きな声で言う」「ほかの子が見張る」「ほかの公園でやる」など、いろいろ考えるでしょう。

Aiko's語録

ルールを守る子よりもルールを考え出せる子に

PART:1

13

室内遊びが好きな子

天気がいい日、どうにか外に連れ出したいのですが…

子どもって、ほんとにうまくいきません。

外遊びばっかりの子もいれば、室内遊びばかりの子もいます。どうも、バランス良くって思うのは大人だけなのでしょうか？　でも、いい天気の日に部屋の中で、ごっこ遊びや折り紙、お絵かき、絵本ばかりってのもねぇ。

「外で遊ばない？」って誘うと「いい」って簡単に断られちゃいます。

そうです。ここで方法はいくつかあります。

1. 外遊びの楽しさを知らないのだから、簡単な鬼ごっこやジャンケン遊びを教える。

2. 室内でのごっこ遊びが好きなのだから、庭でのごっこ遊びが楽しくなるようにしかける。庭にゴザを敷いたり、草花を使ってままごとができるように準備したりする。

3. 全員で散歩に出かける。有無を言わさず、連れ出す方法。園外保育を企画するのもいいかもしれません！

だいたい、これでどうにかうまくいきそうですよね。

でも、そのときはそれなりに楽しんでくれますが、その子の遊びの幅が広がったかというと、そううまくはいきません。その子にとっては今、外遊びより室内遊びが好きだという想いにはかなわないのです。

室内遊びが今のマイブームなら やり尽くせば外に目が向くのかも

では、今度は発想を変えて、室内遊びを充実させ、満足させるっていうのはどうでしょう?

1. 折り紙が好きなら、折り紙の本をそろえて、紙も充分用意して満足するまでやってもらう。
2. あやとりが上手なら「あやとり名人」、折り紙なら「折り紙名人」と名づけて、みんなに教えてくれる存在になってもらう。
3. 絵本を読む時間に、その子が推薦する絵本を持ってきてもらう。

どれも、その子の好きなことに一目置いて、「すてきな子」としての位置づけをしてみるということです。そうすることで、その子の気持ちが広がって、外に

Aiko's語録

思うようにいかないのが子ども

目が向くかもしれません。ほかのことに目が向くというのは、今、興味のあることをとことんやり尽くして卒業するということかもしれません。

かつて、絵本ばかりが好きで外遊びをしない子がいました。お母さんは心配していましたが、どうにもこうにも動きません。

しかし数か月後、その子は「絵本くらい見たら」というほど、部屋の中に入ってこなくなりました。

一点集中型とでもいうのかしら？　マイブームとでもいうのかしら？

そんな子もいるんですね。

\ 愛子流 /

ストレス解消法

本当に疲れると涙しか出ません…。
さらに疲れるとめまいや生理不順…というのが、私のパターンでした。
そこで、とことん疲れないように、日々ガス抜きすることが大事。
頭の中を“タンマ”するのです。日常から切り離される時間を
持つことが「保育者長続き」のコツでしょうか。

1 青空を見て深呼吸する

自分が幼いときに遊んでいた河原などがあれば、そこが最高！ 私は多摩川べりです。

2 ミステリードラマを見る

私、これよくやります。難解なものでも、最初と最後の10分を見ればわかる単純なものでもいい。テレビにぼーっと釘づけ。見終わったとき、何となく疲れが飛んでるんです！

3 好きなものを食べる

お腹が膨れると気分も落ち着きます。かつて痩せていた私は、空腹だと倒れそうになり、イライラしてしまって、会議を中断したことが…。ほどよくお酒を飲むというのもいいですね。

4 茶わんを割る

昔、園長とけんかして腹が立ったときに、台所の裏口から出て、思いっきり茶わんを割っていました。その場はスッキリします。でも、安いのを選んだ方が後悔しませんね…。

PART 2

親ってどうして こうなんでしょう？

PART：2

01

朝、さっさと子どもを置いて帰って！

5分もしないうちに泣き止むのに　さっさと帰らないから長引くんです

　4月、入園当初に大泣きしている子ども。無理矢理お母さんから離して抱きかかえますよね。だって、それ以外に受け取る方法がないくらい、暴れ泣きなんですから。でもね、お母さんが帰ってから5分もしないうちに泣き止んで、遊ぶ子が大半です。

だから大丈夫なのに、さっさと帰らないから長引くんです。暴れている子を抱きかかえるのって、体力いりますよね。「さっさと帰ってください!!」と叫びたいくらい。ほんとに困ったものです。

あなたなら、お母さんにどんなふうに言いますか？

1. 「5分で泣き止むんです。大丈夫。さっさと帰ってください」

2. 「気になって帰れないなら、子どもを連れて帰りますか？」

3. 「大丈夫ですよ。お母さんも辛いですけど、がんばりましょうね」

気が利いているのは**3**番ですよね。でも、落ち着いていなければ出ない言葉かも。**2**番はかなりひんしゅくでしょう。けど、きつい言葉で覚悟を決める人もいます。私は**1**番かな。

親と保育者の気持ちのズレを解決するのは信頼関係

でも、ちょっと落ち着いて考えてみると、これって、親の気持ちと保育者の気持ちのズレかもしれない。親にとっては、かわいいわが子がこんなに泣いていてかわいそう。こんなに泣かせて脳に異常が出てしまわないかも心配。それ以上に自分も泣きたい心境なんですよね。預けることに後ろめたささえ感じちゃう。

こちらは、先が見えているし、やまんばじゃあるまいし、自分のクラスの子どもとして引き受ける覚悟だってあるのだから任せてほしい。

このズレを解決するのは、信頼関係ってことですよね。信頼関係があればスムーズに受け渡される。でも、信頼は徐々にできるもの。それまでは、仕方ないかぁ。保育者に言われて去ったように見えても、塀の陰で見ていたりしますものね。

それと、慣れ。慣れてくると、うそのようにさっと置いていくようになります。ぐずったら、しかったりして置いていく。いずれにしても「時」が解決ですかね。

Aiko's語録

面倒な親心
でも
それがあるから
子は育つ

こんな時、どうする？

Q 保護者とコミュニケーションをとるのが苦手です。どうすれば信頼関係を築けるでしょうか？

A わが子が受け入れられていると伝わる肯定的なひと言を！

親は敵ではありません。同じ子どもを大事に思っている相手です。その気持ちを持って接していれば、多少伝え方がへたでも通じます。逃げずにひと声かけることから始めましょう。「おはようございます」「○○ちゃんの笑顔すてきですね」「食べっぷりがいいですよ」「優しいですね」など、なんでもいいですから、肯定的なひと言を！　わが子を受け入れてくれていることが伝われば、親の心も開いていきます。

PART:2

02

保育内容にまで口出しをしてくる

「上の子のときは…」と言ってくる保護者

特に、上に姉や兄が卒園していたりすると、園歴も長く、口を出してくる保護者が多いです。

「上の子のときは、もっと遠足がたくさんありました」

「上の子のときは、運動会には組み体操があったのに、どうして最近はないのですか?」

「上の子のときは、担任の先生は、頻繁に連絡帳に書いてくれたんですけど…」
上の子、上の子、ましてこちらが上の子の時代を知らないと先輩づらして大きな態度。あなたならどうします?

1. 「そうだったんですか」と、聞き流す。

2. 「上のお子さんのころのことはわからないので、どうして変わったのかは園長にお聞きください」と言う。

3. 「昔は昔、今は今。そして、私は私です」と言う。

3番、かっこいいですよね! こんなふうに言えたら、どんなにかスッキリですよね。

思うのですが、お母さんたちは変化に弱い。特に、新しいことが起きるときは、かなりの抵抗をします。

でも、これはお母さんたちだけじゃないですよね。園だって、園長だって、そして、私たちだって変化には弱い。新しいことには慎重にならざるを得ない。けれど、「十年一日のごとし」では保育はおもしろくなりません。保育される側は、常に新しい子どもたちですからいいけれど、毎年同じ事の繰り返しでは、保育者はマンネリや惰性になりやすいです。だから、私は結構変化が好きです。そうすると、親たちから質問というかクレームは必ず出てきます。

新しいこともしてほしいけど、前からのこともなくさないでほしいという、手前勝手な親も多いです。そうなると、どんどんイベントだらけになっちゃいそうです。基本的に保育はこちらの領分。

はぐらかしていると悪循環に 肝心なところは、強気に出ることも大切

私は言います。「今の子どもたちがいて、今の保育が生まれます。ですから、

上の子のときには、その子たちがいて保育があったのです。子どもが違うということは、保育も違う。今の子どもたちを考えた上で、今の私が誠意を持って保育しています」と。

この迫力には、お母さんたちも静かに聞いてくれます。そして、「納得しました」と言っていただけました。

肝心なところでは、強気に出てもいいと思います。はぐらかしていると、どんどん親たちは口出ししてきますからね。無理にでも、納得させてしまいましょう。もしくは、こんなときほど主任や園長に相談しましょう。

Aiko's語録

保護者は“シンプルに”“ストレートに”“やわらかく”説得しよう

PART:2

03

わが子の言い分だけをうのみにする

子どもが親に伝えるのは心情的な事実

「うちの子は何にもしていないのに、○○ちゃんにぶたれるみたいなんです。いじめられているんですか?」

「うちの子はちゃんと話を聞きたいのに、○○ちゃんが話しかけてきて、うちの子ばかりが先生にしかられているみたいですけど」

「ちゃんと、相手のお子さんの親にも伝えてくださいね」

事実は、その子と〇〇ちゃんは仲良しで、どっちもどっち、同じようにやったりやられたりの現状。

あなたならどうしますか？

1. 「私には二人は仲良しに見えています。よくいっしょにいるからトラブルも多いのです。心配いりません」と、はねつける。

2. 子どもに「どうして、〇〇ちゃんが悪いようにお母さんに言うの？」と聞いてみる。

3. 「そうですか。園での様子を、もっと気にして見てみますね」と、とりあえずは言っておく。

こういうことはよくありますよね。子どもって、どうして親にはそういう言い方をするんでしょうね。子どもは、あったことの客観的事実はよくわかっていないことが多いもの。親に言うのは心情的な事実です。つまり、自分のやったことには意識がなく、やられたことは残ってしまう。だから、それを親に話す。

親もそれを承知の上で、聞いてくれればいいのですが、それができにくいのが親心。わが子が自分の知らないところで、被害に遭っているかもしれないというのでは、心穏やかではいられません。客観的に見れば、このような親も恥ずかしいことではありますが、これまた、親の心情的な事実なのです。

子どもは親にしか見せない顔を持っているのです

まずは**3**番のように静かに受け止める。次に、具体的に実際の出来事を話しながら二人の関係はいいことを伝えていく**1**番ということでしょうか。

2番の子どもに問いただすのだけは避けたいです。子どもは、親の前では親の前でしかない子どもの顔を持っています。それは、無条件に自分の味方になり、いっしょに腹を立ててくれることで安心できる関係になっているのです。もしかしたら、家での告げ口が多いのは、親の関心や愛情を確認せざるを得ない心情にあるということかもしれません。

Aiko's語録

親の言い分は まず〝受け止める〟次に〝真実を丁寧に〟

こんな時、どうする？

Q 「いじめられているのに園が対応してくれない」とクレームを言ってくる保護者がいます…

A まずは保護者の話を聞いて、客観的な判断をしましょう

言い換えると「うちの子を大事にしてください」ということです。まずは、親の心配がどこからきているのか、話を聞くことから始める以外にありません。次に日頃の親子関係に目を向けてみます。子どもが親の関心を得るために、心配をかけるような発言をしているのかもしれません。親自身が孤独なのかもしれません。否定はせずに、客観的な判断を。そして、「お子さんを大事に思っています」という発信をすることです。

PART:2

04

汚れて怒る親

制服を汚して親にたたかれた子を見て見ぬふりをしてしまった私…

初めて幼稚園に勤めて、初めて受け持った子どもの中にゆりこちゃんがいました。ゆりこちゃんは毎日砂場で遊んでいました。でも、制服がスカートだったので、スカートの裾がどろどろに汚れてしまいます。でも、彼女は気にしていないようでした。

私は、「さようなら」のあいさつをして、子どもたちの降園後に園の門を閉めに行きました。すると、ゆりこちゃんのお母さんが「どうして、汚すの！」と怒って、ゆりこちゃんの頬を平手でパチンとたたくのが見えてしまいました。

あなたならどうします？

1. 駆け寄って「たたいたりしないでください」と言う。この場はとりあえず、たたくことをやめるように頼む。
2. 「子どもには砂遊びが必要なんです。すみませんけれど、洗濯してあげてください。なるべく、汚さない方法をいっしょに考えてみますから」と言う。
3. この事実を職員会議で話し、子どもの砂遊びの服装をみんなで考える。もしくは、砂場に水を入れないことにする。
4. 黙って、見ないふり。

情けないですけど、当時の私は4番でした。

胸が高鳴り、もう、どうしてよいかわからず、見て見ぬふりをして門を閉めました。「お母さん、こんなことで怒らないで！」と止められなかったことを、今でも申し訳ない気持ちで思い出します。

今なら、砂場の必要性を親に伝えるでしょう

「園は子どもが遊ぶところ」と承知して来させているのは、頭だけ。実際は、汚してきた子どもをこんなふうに怒っている親も多いのかもしれません。

今だったら「どうして、園庭には砂場があると思いますか？」と、必要性を何度も伝えて、親の気持ちを少しでも変えられるように努力するかな。

でも、新米のときには難しいですよね。主任や先輩に何気なく言ってもらう方法もあったかもしれません。

子どもも大変です。遊びたいし、親に怒られたくないし。

でも、ゆりこちゃんは、このあとも砂場で遊んでいました。その後もたたかれたかどうかはわかりません。子どももなかなかやりますね。

Aiko's語録

親は急に変われない 必要なことは“繰り返し”“繰り返し”“粘り強く”

こんな時、どうする？

Q よく子どもをたたいたり、どなったりする保護者。どのように対応したらいいでしょうか？

A まずは子どもへのいい対応の見本を見せましょう

日常的にたたいたり、どなったりしている親は自覚していないことが多いものです。「怒らないで」「たたくのはよくありません」と言ってもピンとこなかったりします。そこで、いいやり方の見本を示したりして、教えていくといいでしょう。「今日、○○ちゃんにこう言ったら、張り切ってやってくれたんですよ」とか、「褒めたらすごくいい笑顔を見せてくれたんですよ」とか…。本当は「お母さんもやってみて」と言いたいところですが、そのひと言は様子を見ながらにしましょう。

PART:2

05

清潔感がない子

ハンカチやタオルが洗われていない…どう、親に伝えるべきでしょう？

こんな親いませんか？

ハンカチはいつ洗ったのか、持ち帰らせたタオルも洗ってから持ってきた？　と疑いたくなるほど薄黒くてシワシワ。爪も切っていない。

一応、お母さんに会うかぎりでは、お母さんはこぎれいにしています。子どもの身体や衣服、持ち物などを清潔に管理するのは親の仕事ですよね。どうしましょう？

1. 園から親には言いにくいし、結局職員室で「あの親、しょうがないわよね」とグチるよりほかない？

2. 「タオル、ちゃんと洗ってくださいね。爪が伸びていますよ。切ってあげてくださいね」と話す。

3. 「子どももさっぱりすると気持ちいいと思います。清潔感は身についていくものですから、お母さん、がんばってくださいね」と話す。

親もさまざまで、なんとなくだらしなくて清潔感のない人と、几帳面で潔癖で、汚れを過敏に気にする人といますよね。極端でない程度ならいいのですが、明らかに家の中もガチャガチャだろうなと思う親は、その人自身の感性ですから、保育者に言われてもピンとこないかもしれません。そうなると**1**番？

つい、うっかり時間がなくて、という親には**2**番や**3**番のように言ってあげるのがいいでしょう。

親の不足を保育者が補ってもいいのかもしれません

こういう親を体験しているうちに、親がちゃんとできないことは、保育者がやってもいいのかなと思うようになりました。

そんなことまで保育の内？　という気持ちはあるけれど、要は子ども自身が清潔感を持てるようになればいいわけですよね。

「爪伸びているね、切ってあげよう」と、手を取ってパチンパチンとやると、子どもはたいてい喜びます。「うちのおやがきってくれないんだよ。ごめんね」なんて、思う子はいません。「ハンカチ、いっしょに洗おうか。きれいになったねぇ」とやっていくと、親は変われなくても、子どもが自分でやれるようになる。

親の不足していることを保育者が補っていくのもありだと思います。

※保育者が子どもの爪（健常な状態のもの）を切ることは、医行為にはあたりません。
参照：『医師法第17条、歯科医師法第17条及び保健師助産師看護師法第31条の解釈について（通知）』
（医政発第0726005号 平成17年7月26日）

Aiko's語録

大人の感性を
変えるのは
至難の業
子どもを
育てる方が
効果的

こんな時、どうする？

Q 忘れ物や遅刻がとても多い保護者がいます。
どのように注意したらいいでしょうか？

A 子どもに伝えると同時に、親にメモを渡してもらいましょう

親自身に自覚がない場合は、子どもに伝えるより仕方がないです。毎月のお便りに書いていても、ちゃんと読んでいない場合が多いです。１か月のことをまとめて伝えても覚えていないこともあります。必要なときは、「明日は○○もってきてね」と子どもに伝えると同時に、保護者へのちょっとしたメモを子どもに託しましょう。「明日は遠足。何時までに登園してください」と。

PART:2

06

親同士の仲が悪い

「あの子の親が好きじゃないから
うちの子と遊ばせないで」って言われ…

「うちの子、○○ちゃんと遊ばせないでください」と言ってきた親がいました。

「どうして?」と聞くと、「あの子の親が好きじゃないんです」とはっきり言われました。

そんな、子どもみたいなこと…とは思うけれど、好きか嫌いかという感情的な思いを制する訳にもいきません。何かあったのかもしれません。

「園では、子どもたちは仲良しです。親のことを配慮して遊ばせない訳にはいかないのですが…」と言うと、「園で遊ぶのはいいです。帰ってから遊ぶ約束をさせないでください」と言われました。

降園後、家に遊びに来ることはそんなにいやではないけれど、お母さんが迎えに来て、顔を合わせるのがいやだと言います。

仕方ないから、それだけは引き受けました。

親同士が仲が悪いことをちゃんとわかっている二人…

5歳児です。子どもは仲良く遊んでいます。

家に帰ってからも遊びたくなってしまい、どち

らかの家に誘い、誘われと流れていきます。

　仕方なく、私は子どもに言いました。

「あのね、二人が仲良しなのはすてきなことだと思うのよ。だけど、お家に誘うのはなしなのね」

　すると、なんて返ってきたと思います？

「わかった、うちのおかあさんと○○ちゃんのおかあさんは、なかわるいからね」ですって。

　子どもは親のこと、ちゃんとわかっているんですね。さすが年長児です。それはそれとして、子どもたちは仲良く遊べるんですから。どっちが大人で、どっちが子どもなんだか…。

Aiko's 語録

親同士のいざこざは取り持とうと思ってはいけない犬とサルかもしれないから

こんな時、どうする？

Q ある保護者から「クラスの保護者たちから仲間外れにされている」と相談を受けました…

A 仲介役になるのは避け、聞き役に徹しましょう

難しい問題ですが、保育者が仲介役をやるのは避けた方がいいと思います。トラブルに巻き込まれる可能性もあります。そのような保護者には聞き役に徹しましょう。孤独感がさらに辛い状態を招くので、「あなたの気持ちは私が受け止めます」と寄り添ってあげましょう。人は、ありったけ話せるようになると、冷静に状況を見られるようになります。

PART：2

07

親の年齢と保育者の年齢

20代前半、背伸びをして失敗しました…

ずーっと保育界にいると、保護者の年齢はほぼ同じですが、私の年齢は着実に上がっていきます。保育者と親との年齢によって関係が違うように思えます。

20代前半は、親より年下。結婚もしていなければ、子どもも産んでいない。取り柄は若さだけ。でも、「若くて、かわいい」と好んでくれるのは主に子どもだけ。経験が浅いことで、親は心配顔。何を聞いても、答えられないみたいって。

確かに、何を聞かれてもわからず、「ちょっと待ってください」と、主任に駆け込んでいましたね。

なまじ「プロですから」的な発言をして、反感を買ったこともあります。個人面談で何か言わなければと焦って、「集中力はあるけれど、社会性がありませんね」と言ってしまったら、翌日から休んでしまった子がいました。その子の親が園長に「あの先生に、うちの子は手に負えないようだから、辞めさせてほしい」と言いに行ったそうです。私からお詫びの電話を入れて、3日後に登園してくれたことがありました。ヒヤヒヤでした。背伸びはいけません。等身大で誠意を示すのが一番と学んだものです。

信頼のカギは、いつのときでも〝誠意ある保育〟

やがて、親と同じくらいの年齢になると、少しやりやすくなりました。でも、友達感覚で近づいてくる人がいたり、園の内情を興味本位で聞かれたり、かといって邪険にすると「子どもを産んだこともないんだから、ほんとのことはわかんないわよね」が、脅し文句のように使われました。

文句を言う人のほうが目立ちますが、一生懸命保育をやっていれば、信頼してくれ、応援してくれる人は必ずいます。

親たちの歳を越えてからは、ぐんとらくです。保育経験を積んできていることもあり、一応、一目置いてくれるようになります。今度は全員の親たちに目を配っていないと、不平不満が出るようになります。

親たちよりずっと年上になると、不平不満や文句は少なくなります。貫禄がついてくるのでしょう。そのかわり親の悩みや家庭内のトラブル、子育ての悩みを聞く時間が増えます。遠慮なく親をしかることもできるようになります。

「こんなところに、車止めちゃだめでしょ！」「ちゃんと手紙読んでよね！」

そう、おばさんの特権です！　年齢差のせいか、しかっても後を引かず、「はーい！」「すみません！」とケロッとしたものです。

親との年齢差によって、会話はずいぶん違います。でも、いつのときも子どもに誠意ある保育をしていれば、支持してくれる親が大半です。でも、全員に好かれるというのは難しい。いろんな親がいますからね。「苦手！」がいても仕方ないです。そんな親とはほどほどに…。

正直、「面倒な親がいなけりゃ、いい仕事」って、今だって年に一回くらいは思いますよ。

Aiko's語録

年齢と経験による貫禄は確実に増えていく

PART:2

08

どうして子どものカバンを持ってるの？

ちょっと過保護ではないかしら？
YESならYES、NOならNOと言え！

「おはようございます」とあいさつしながら、子どもを見ると手ぶら。あれ？　カバン忘れた？　と思ったら、お母さんが持っていました。「さようなら」をして、子どもがお母さんに駆け寄っていくと、さっさとお母さんがカバンを受け取ります。帽子までお母さんが持ったりしていることもあります。

どうやら、お母さんたちは無自覚で子どもの乳母をやってしまうようです。これは、過保護ではないかしら? 子どもはお母さんを見たとたん、殿や姫の振る舞いになります。保育時間内には見せない甘えん坊の顔と声。ひどいと2歳くらい幼い子になっているような…。

ついでに、子どもは「おなかすいたー」「○○ちゃんちにいきたい」「あるけない」「アイス!」と、言いたい放題。それに対して、お母さんは、ぐずぐずと言い訳したり、言い聞かせたり。

「ぐずぐずいうな!」もっと、きっぱり、「YESならYES、NOならNOと言え!」と叫びたい!

自分で考えて行動するのが苦手な親が多いです

そこへいくと大半の欧米のお母さんは立派です。「○○ちゃんちにいきたい！」と子ども。「NO！」とひと言。これでおしまい。お母さんのNOは絶対のNOだと知っているので、子どもはそれ以上ぐずぐず言わない。

子どもを人として尊重するということは、その子のためにと「奉る」ことではないし、子どもの「言う通り」にしてあげることとも違います。どうも、そのへん、親としての立ち位置がわかっていない親が多いですね。

そして、保育者に聞いてきます。「降園後、友達と遊ばせた方がいいのでしょうか？　そうしないと友達がいなくなりますか？」「降園後はいったん帰宅すると決めていただけませんか？」。自分で考えて、結論を出し、行動するのが苦手なのです。頼られても困りますよね。自分のことは自分で判断していただかないと。「お宅のやり方で、いいんじゃありませんか？」と、突き放しましょうかね。

Aiko's語録

無意識にやっていることに一石を投じると親は育つ

こんな時、どうする？

Q ホームパーティーでの料理など、個人的なことを相談してくる保護者がいます…

A 深入りせず、はぐらかしながら聞き流しましょう

はぐらかしながら聞いていればいいと思います。そういう人は「私、こんなことをしているのよ」と言いたいだけ。「料理苦手なので、私にはできないわ。すごいですね」と深入りせずにさらっと返しておけば満足するし、興味・関心事が違う人なんだと思えば相談しなくなります。

PART：2

09

園はサービス業？

最近の親は「○○してほしい」ばかり

「用があるので延長して預かってほしい」「お弁当は大変だからいや」「運動会は午前中だけにしてほしい」「給食で子どもの好き嫌いをなくしてほしい」「保護者会は出たくない、出なくてもわかるように手紙に書いてほしい」

特に保育園は、親代わりの対応といえるほど、よくやっておられると思います。親代わりならよいのですが、親の要望に合わせての対応は大変なことでしょう。

園に対しての要望に「しつけ」が入ってきて久しい気がします。

家の玄関ではくつがそろって脱がれていないのに、外ではちゃんとしてほしい。あいさつ、食事のマナー、手の洗い方からおしりのふき方まで、ちゃんと教えてほしい。今や、家庭の領分、園の領分という感覚はなくなっています。

子どもがちゃんと育っていくことが大事なのですから、領分は必要ないのかもしれません。でも、親の代わりにしつけるのではなく、園は園の生活習慣を身につけてもらう所ですよね。

もう、数年も前ですが「離乳食が作れないからその時期は働いて、保育園に入れちゃえばいい」「トイレトレーニングの仕方がわかんないから、その時期は保育園に入れちゃう」という話を聞いて、びっくりしてしまいました。

できないことをやってくれるのが保育園、幼稚園。わからないことは教えてもらって、自分でやってみる。そうしていくことで子どもの育ちがわかっていくというのは、面倒でいやな人が増えつつあるようです。

「ひとつの命を育む相棒」として「契約」ではなく「信頼」が大切なのでは？

さらに、ここで頭にくる発言が！　「お金もらっているプロなんでしょ」と言われたことがあります。「お金を支払っているんだから、当然こちらの要求に答えるべき」という発想に悲しくなってしまいます。

朝の迎えのとき、笑顔でなかった保育者に「プロなんだから、笑顔で迎えるべき。私だってお店でお客さんに対応するときは、どんないやな気分のときだって笑顔を作るわ」と言う親も。うーん。一理あるような、ないような。人と人の関係というより、仕事関係？

「あら、元気ないの？　いつもと違うみたいね」と言ってくれたら、どんなにか気持ちが和らぎ、信頼関係が深まるのに、と思いますけどね。大事な子どもを預

ける側、預かる側としての関係は、契約関係ではなく信頼関係であるべきでしょう。ひとつの命を育んでいく相棒なのですから。

Aiko's 語録

親との信頼関係で子どもを預かるのが原則

こんな時、どうする？

Q もしかして育児放棄されているかも…と感じる子がいて心配です

A よく観察し、可能性が高いなら行政の力を借りる必要も

子どもをよく観察しましょう。洋服、栄養状態、清潔感、表情が生きているか…。その上で育児放棄の可能性が高いようなら、担任レベルでの解決は難しいです。園長に相談し、行政の力も借りましょう。ただし、思い込みということもあるので、しっかり観察し、記録を残しましょう。

PART:2

10

ケガはさせないで！

こんなにケガに敏感なのは今の親がケガをしてこなかったからかも

こんなにケガに敏感になって保育している時代は初めてじゃないかしら？ 顔にひっかき傷があったら、「これ、どうしたんですか？」と責める口調。園は「貴重品一時預かり所」ではないのです。

遊んでいれば、どこかしら知らないうちにひっかき傷ができたり、転んで膝小

僧をすりむいたりするのなんて当たり前。「子どもにケガはつきもの」と言われた時代もあったのですけどね。

どうして、こんなにケガを怖がるようになってしまったのかしらと思うと、親たちが遊んでいない、ケガをしてこなかったことが原因かもしれません。

子どもにケガの跡があれば、傷物になったかのような騒ぎ方は、どんなもんでしょう。子どもは新陳代謝がいいですから、病院に行くほどのケガでなければ、ほとんど傷跡もなくなります。

大人もそうですが、ケガをしないことばかりを気にしていると慎重で臆病な動きになり、チャレンジ精神がなえるばかりでなく、身体の動きも鈍くなります。

子どものケガは不意にやってきます

「すり傷、切り傷、治るケガをいっぱいしながら、磨かれていくのが人間。床の間の座布団の上に飾っておいたら、無傷だけれど、まったく魅力もないし、人形でしかない人間になってしまいます」と、私は話しています。

だって、ほんとでしょう?

私たちがケガをさせているわけじゃないし、私たちだって子どものケガを望んでいるわけでもない。ケガは子どもも痛いし、こちらの心だって痛みます。子どもにケガがなければ、それに越したことはありません。だけど、子どものケガは不意に

やってきます。思いがけないところで起きます。

どうしたら親をわからせることができるか、難問です。

治るケガは心の栄養にきっとなる…「命は命を持って守る覚悟」はできています

そうそう、こんなことがありました。５歳児のゆうきくんが高い鉄骨に飛びついて落ち、腕を複雑骨折しました。もちろん痛みました。入院して手術となりました。でも、ゆうきくんはこう言ったのです。「どろだんごしていた てで、とびついたから、すながついていてすべっちゃった。けがはぼくのせい」

そんな風に言えるゆうきくんに、親も私たちも感動してしまいました。

「治るケガは心の栄養にきっとなります。命は命を持って守る覚悟はしています」と、園の説明会で話します。

昔の小学生は、クラスの中でだれかしら骨折していました。おとなしそうな私でさえ、太ももに鉄条網をくぐり抜けたときの傷跡が残っています。その傷は今、痛むどころか、懐かしい思い出にさえなっています。

過剰ともいえる今の親の反応を批判しても始まりません。見えないところでできた傷だからこそ、なお心配になったり、攻撃的になったりしてしまうのでしょう。

「わが子が大事」の裏返しでもあるわけですから、丁寧に説明し、徐々に「ケガの功名」を知ってもらうように話していくよりないのかもしれませんね。

Aiko's語録

治るケガは心の栄養にしてみせよう

こんな時、どうする？

Q 園の対応が気に入らなかったのか、園への批判・悪口があっという間にネットで広がってしまいました…

A **園がきちんと信用されていれば、噂は消えていきます**

「人の噂も七十五日」ということわざがあります。まず、同じ土俵に乗らないことが大事。一時的に、その噂に惑わされた人がいても、園を信用している人ならば、一方的な話は信用しなくなるはずです。批判や悪口を広める人は、その人自身、当事者に直接言えない弱さを持っています。そういう人には、こちらから声をかけて、話し合う場を設けるといいでしょう。じっくり話を聞いてみると、そうせざるを得なかった、その人の心情や状況が見えてくるかもしれません。

11

話を聞いてほしいお母さんたち

吐き出すことで心が軽くなるのです

園バスが去った後も、いつまでもおしゃべりしているお母さんたち。それだけではなく、私のところにも「時間を作ってください」と話しに来る方がたくさんいます。だいたい、ひとり2時間が必要です。当たり障りのない話から、中のしこりに触れるまでに時間がかかります。本論に入ると、涙ながらに語る方が大半です。みんな、いろんなことを抱えているのです。子どものことだけでなく、夫

婦のこと、親のこと、自分自身のこと…。つまり、生きているということはそういうことなんですよね。

ところが、それが自分の殻の中だけで、もんもんとしていると精神的に不健康になってしまいます。話すことで殻から悩みを引きずり出すと、気持ちがらくになり、少しは元気を取り戻します。私は「虫干し」と言っています。悩みは変わらないけれど、一度、身体から出す（話す）ことで干されて軽くなるという…。

本心を話せる人間関係が必要です

私が保育の基本姿勢にしている「心に添う」というのは、子どもだけではないんです。お母さんも、お父さんも、保育者も、園長も、みんなみんな自分だけではどうにもならないんです。そこに話を聞いて、うなずいてくれる人がいるだけで風が通ったように自分を取り戻せるのです。

本音を話すには、利害関係がなく、やたら正しい意見を言わず、あとで蒸し返したりしない人が必要なんです。そういう人間関係を持っている人が少ないから、私が忙しくなるのかもしれません…。ほとんどのお母さんたちは「聞いてほしい」のです。アドバイスをもらいたいという人はほんの少しです。

知り合いの保育園の園長から「子育て相談の窓口を作ったのに、ちっとも来ないのはどうしてでしょう」と相談されたことがあります。周りにいるお母さんたちに聞いてみたら、「いくらなんだって、知らない人に悩みは話せないですよ。

それに、園長さんでしょ？　なんか、怖い気もして」と言っていました。確かに、関係があって安心できるからこそ、人に言えないことも言えるんですよね。

今や、子育て相談より親自身の相談の方が多いです。子育てって、親自身の育ちが丸出しになるということもあるのでしょうね。

本心を話せる関係作りを親同士でもしていかないと、私の身体が持ちません…。どこの園長も抱えている問題だと思います。

おっと、失礼。これって、園長の役割とは限りません。話を聞いてくれる雰囲気があれば、若くたって、異性だって、どなたでも大丈夫です。

Aiko's語録

人は心に寄り添ってくれる人がいることで元気を取り戻せる

こんな時、どうする？

Q 保護者との面談で気をつけなければならないことは？

A 話のエンジンは、こちらからかけましょう

まず「上から目線の言い方をしない」「専門用語は避ける」こと。また、「子どもの性格を決めつけない」「できるだけ具体的な園でのエピソードを話す」ことも大切です。こちらの話を聞きながら保護者の表情が和らいできたころ、「おうちではどうですか？」と話を振りましょう。「何かありますか？」といきなり聞くと言いたいことがあっても言えなくなってしまうもの。まずは、こちらからエンジンをかけましょう。

PART:2

12

困っちゃう親

子どもを丸呑み、噂話を流す、学歴好き…、いろんな親がいます

子どもと分離どころか、子どもを丸呑みしている親。「○○ちゃんと遊びたいんですって。よろしくお願いします」「○○ちゃんが怖いと言いますから、近づけないでください」と、わざわざ。

簡単に「わかりました」なんて言うと、家に帰ってから子どもに聞いて、「先生、何にもしてくれなかったそうですね」ときます。まったく、面倒くさいです。子どもの育ちの足を引っ張っているとしか思えません。

「あの先生はひいきしている。この前、帰りにあの家に入っていくのを見たわ」とコソコソ噂話を流す。帰り道だったので、忘れ物を届けただけなんですけどね。

「先生は、どこの学校を卒業したんですか？　免許は何を持っているの？」

今、保育者としてがんばっているなら、どこの学校だっていいじゃないですかねぇ。学歴が好きなタイプ、偉い人に弱いタイプですね。

「あのお母さんは派手すぎます。同じ園の親として迷惑です。先生からひと言、言っていただけませんか？」

えぇ!?　そんなぁ。人の好みはさまざまですし、そう思う人が直接言うのが一番ですよね。しかし、直接言ったら親同士のけんかが勃発…。「あの方の好みなんでしょうね」くらいに、はぐらかすよりほかないです。

親の自己防衛や孤独…、耳を傾けると心が開きます

いわゆるクレーマーやモンスターペアレントという人に共通なのは、強度の自己中心です。多少、人格障害が入っている人もいれば、育ちの中で頑なに自分を守らなければならなかった人が防衛本能として身につけていることもあると思います。そして、みんな孤独です。子どもが「みて、みて！　ぼくここにいるの」と訴えるために、くつを隠したり、わざと先生に怒られそうなことをしたりするのとちょっと似ていると思います。

日々、なるべく声をかけるようにすること。

文句を言ってきたら、「ゆっくりお聞きしますから、ちょっと部屋の中でいかがですか？」と誘い、世間話も含めておしゃべりをすると、たぶん和らぎます。子どもの話から、親自身の話に何げなく移行すると心が少し開いてきます。

変な言い方ですが、こういうタイプは「先生は私の味方」と思えることが大事

なのです。言っている内容をかなえてくれるというより、私の言い分に耳を傾けてくれるということが味方なんです。

そして、一回話せばいいのではなく、ときどき「大丈夫よ！」とサインを送る必要があります。うっかり、安心してほうり出していると、またクレームが始まってしまいます。ちょっと面倒な親であることは確かですが、必ずこういう人はいます。年々、多くなっている気もします。

「親は敵ではない」「きっと、そうならざるを得ない人生をたどってきたんだろう」と、視野を広げて深呼吸です！

Aiko's語録

誰もが〝いい人〟と思われたい
〝ひとりぼっちはいや〟と思っている

愛子流
先輩・同僚との上手なつきあい方

実は、今まであまり人とうまくやろうと意識したことがなく、
たぶん私、空気の読めない人だと思います…。
でも、人への興味が強いので、どんな人かなと近づくことは多いです。
「ストレートに自分を出すと案外嫌われない」というのが私の持論。
邪心や悪意がないからかもしれません。

1 みんなに好かれようと思わない

グチったり、帰りにお茶したりできる相手が職場に一人くらいいればいいですね。職場を知らない人は、グチは聞いてくれても、ピンとこないから、スッキリはしないんですよね。

2 外の世界を求める

保育に燃えていた20代。でも、職場に話の合う人がいなくて、外の研究会を渡り歩きました。いろんな保育があることがわかり、視野や人脈も広がります。

3 不安や疑問はストレートに聞く

「こんなこと聞いたら変かな」「低く見られるかな」なんて考えない。だって若いときは、失敗していいものなのだから。信頼すれば、先輩もかわいがってくれるでしょう。

4 子どもとの関係をしっかり作る

たとえ職場に心が許せる人がいなくても、私たちの仕事は保育。子どもとの関係がしっかりしていれば、充実感は得られます。「一人だって大丈夫」と胸を張っていきましょう。

PART 3

それって、保育の常識ですか？

PART:3

01

「カレンダー保育」って知っていますか？

子どもの発達より行事が優先…「それって変！」って思っていました

毎月の行事にあわせて保育活動の計画を立てることを行事保育、またはカレンダー保育といいます。

4月は入園、進級。5月はこどもの日、母の日。6月は梅雨、虫歯予防デー、時の記念日、父の日。7月は七夕、海の日。8月は夏休み、夏祭り。9月は敬老

の日、お月見。10月は体育の日、運動会。11月は文化の日、勤労感謝の日。12月はクリスマス。1月はお正月、成人の日。2月は節分。3月はひな祭り、卒園式。

　こうやってみると毎月なにかしらあるものですね。さらに、制作や壁面で各月の花や行事にちなんだものを飾ったりします。

　幼稚園、保育園が日本のカレンダーを子どもたちに教えているようです。
　40年前の私は、「これは変⁉」と思いました。子どもの発達にふさわしい保育をするべきなのに、そんなことより行事が優先されて無理がある。だいたい、行事に合わせてカリキュラムを組むなんて、保育者として怠慢。もっと、子どもを中心に考えた方がいい、と思っていました。
　だって、まだ4月末で、園になじんでもいいない子どもに、こいのぼり制作をさせるのはとんでもなく大変でした。「紙を縦に折って！」と言うだけで「わかんない」「どうやんの〜」と騒ぎ始めるし、泣く子まで出てくるんですから、「こんなことしたくない！」って叫びたくなる気持ち、わかるでしょう？ ６月になると虫歯予防デーのせいで、コップを折り紙で作り、細長い紙で歯ブラシを作る。壁面のためのあじさいを折り紙で…。もう、毎月の義務にヒーヒーしていました。

しかし、今、日本の文化や季節感を伝えられるのは保育の現場だけかもしれません

しかし、あのやり方がよかったとは思えないのだけれど、今はカレンダーって大事かもって思うときがあるんです。だって、マンション住まい、核家族で日本の文化や季節の移り変わりに無頓着な家族が多くなりましたからね。

おまけに祝日が毎年同じ日ではなく、ハッピーマンデーとかいって移動しちゃ

Aiko's語録

文化や季節感を伝える行事は大事だけれど行事に振り回されてはいけない

うでしょ？　なおさら、わからなくなってしまうんです。

その月々、ちょっと気にしながら過ごすのも悪くない。まあ、そのために子どもが苦しむようなやり方はいやですけどね。

もしかして、季節の行事や季節感を伝えられるのは、保育現場だけになっているのかもしれませんね。

PART:3

02

壁面装飾してますか？

壁面装飾はしなくちゃダメ？「自分らしく」でいいのでは…

私はしません。だって、部屋の中にいろいろ貼るとガサガサするっていうか、落ち着かないんですもの。一応、保育室は私と子どもたちの場所ですから、そこの住人が「いい感じ」なのがいいと思うんです。

昔は、折り紙で作った季節ものを貼っている方が多かった気がします。ところが、保育雑誌がかわいくてセンスのあるものを掲載するようになったじゃありませんか。そのおかげで、まあ、ひどいのは少なくなり、センスアップはしましたね。

でも、私は好きじゃありません。幼稚園に勤めていたときは園長に反発するわけにもいかず、他の人がやらないような壁面装飾を心がけてやっていました。

壁面装飾って、自分らしくていいと思うんです。
◎飾るのが好きな人……がんばって腕を磨き、壁面装飾すればいい。
◎園の方針でやらなくてはいけない人……簡単に楽しめる方法を考えたらいい。

◎自分らしい発想がある人……やってみましょう。写真を飾るとか、子どもの絵を飾るとか、生花を生けるなど。

子どもの趣味もいろいろですから…

「子どものことを考えてやるんじゃないんですか?」と、どこからか聞こえてきます。

そう、子どものための園ですから、子どもが暮らしやすい、子どもが落ち着く環境がいいのです。

でもね、子どももいろいろいますから、「かわいくして!」と言う子もいるし、「べたべたはらないでよ」と言う子もいるだろうし、「電車の写真がうれしい」と言う子など、さ

うーんと かわいく して
べたべた はらない でよ!
私は お花を飾り たいな

まざまでしょう？　月ごとにご要望を聞いてもいいけれど、とりあえず、保育室の親分の私の趣味でもいいんじゃないですか？

Aiko's 語録

保育室は子どもと保育者の〝城〟リラックスできる心地よい空間であればいい

PART:3

03

並ぶことが多くないですか？

昔は、疑問にも思っていませんでした

4月に背の順に並ぶ練習をしました。背の順は保育者が背比べをして決めます。決めたら、子どもたちに前の子と後ろの子を覚えさせます。

朝の会はホールで背の順に並びました。トイレに行くときも、廊下を並んで行きました。トイレに行きたくない子は並んだまま待っています。団体行動ってこういうことなのかなぁ、とあまり疑問にも思っていませんでした。なにしろ、長

い学校生活は、背の順が多かったですものね。

でも、先生稼業をいったん辞めて、しばらくした後でほかの園に勤めたとき、そこでは背の順がありませんでした。先生の所に来た順に並ぶのです。当たり前と思っていたことが、ほかの園に行ってみたら違っていたことで、原点に戻って考えられるようになりました。「どうして、並ぶんだろう？」ということです。

1. くつ箱にみんなが殺到すると危ないから、外に出るときや中に入るときには順番がいい……納得！

2. お散歩で車道の脇にある歩道を歩かなければならないときに広がると危険だから並んだ方がいい……納得！

3. トイレに行くとき、一人担任で保育室とトイレで子どもが別れてしまうと目が届かないので並んで行った方がいい……これ疑問？　目を離した隙に危ないくらいの環境なら改善した方がいいし、危ない子どもがいるなら手の空いている保育者にトイレを見てもらうなど、園内の工夫をすればいい。

危険回避のためなら必要
大人の都合だけなら再考の余地あり

散歩などで、遊歩道、つまり車の危険性がなく、草花などが咲いている道なら、並ばない方がいい。だって、子どもが脇にすてきなことがあるのに気づけない。こういう光景、結構見ます。子どもが何か見つけると遅くなって全体のスピードが落ちるし、目的地に着く時間が遅くなる。うん、確かに。でも、そもそも目的地に着かなくてもいい年齢の子が脇見をします。

3歳児までは、目的地に向かって歩くより、今現在の場所しか目に入っていません。だから「出発!」したとたん、「あ! アリがいた」「ドングリおちてる」としゃがみ込んでしまいます。ところが、5歳児は違います。目的地に向かってまっしぐら。「アリが…」なんて言っている子がいると「さっさとしろよ!」なんて言われちゃう。年齢によって違

う歩き方の子どもたちを一律に並んで歩かせてしまうのは、子どもも不自由だし、もったいない気がします。確かにばらつきは出てしまうので、そこは保育者が工夫しなければなりませんけどね。

ちなみに、『りんごの木』では、早いチームは途中で木陰に隠れて遅いチームを待ちます。いざ近づいてきたら、「バケバケバー！」と飛び出して脅かします。これ人気。さらに、ここでスピード調整ができるので一石二鳥です。

並ぶことで危険を回避できたり、子どもが混乱したりしないのなら有効。

しかし、大人の都合だけでスムーズに行かせるために子どもの発見や自由を奪ってしまっているのなら、再考の余地あり、ということでしょうか。

Aiko's語録

“散歩”は“移動”とは違う

PART:3

04

お誕生会は必要？

早生まれほど待つ時間が長いのが困りもの

多くの幼稚園が毎月1回、その月に生まれた子どものお誕生会をします。その日は特別に、保育者の出し物が用意されていることもあります。出し物は劇だったり、人形劇だったり、ペープサートだったり、その月の当番の先生が指揮をとって練習します。私が勤めていたときも順番でした。当番の月には頭を抱えていました。ほかの先生の助けが必要になる大がかりなものだとひんしゅくを買うので、一人でできるものを考えたものです。ケーキが出されるところもあるようです。その月の子の親が参加するところもあり、各園で趣向を凝らしている行事ともいえるでしょう。

子どもにとって、お誕生日は大事。なにしろ「おれ、5さい！」「おれ6さい！」と1歳大きくなるのを誇りに思うのですから。お誕生日をみんなで祝う気持ちは大切だと思います。先生たちの出し物も、普段はあまりしませんから、いい機会かもしれません。

ところが、ちょっと困ることは年齢が低い、早生まれほど、待つ時間が長いのです。「ぼくのたんじょうび？」「こんど？」「いつくるの？」と、先生は毎回聞かれてお気の毒。同学年といえども4月生まれと3月生まれでは1年近く違うのですから ね。早生まれほど幼いのでわからない。

一番大切なのは、当日の「おめでとう!」

さらに同じ月であってもお誕生会の前に自分の誕生日が来た子は「ぼくのたんじょうび、もう、おわったよ」と言う子もいます。つまり、その子にとっては、誕生日の日が誕生日であって、誕生会はちょっと意味がわからない。園生活に慣れて、年齢が上がってくると、そんなシステムもわかりますが…。

子どもの発達の中でも遅いといわれている時間的概念。どうも、子どもは今ひとつピンと来ていないのです。一番ピンと来るのは、なんといってもその日に「おめでとう!」と祝ってくれることでしょう。

『りんごの木』では、誕生会はしていません。当日の朝に、「おめでとう」と迎え、みんなで集まってハッピーバースデーの歌を歌って、拍手。保育者から手づくりのカードを渡しています。これでも十分お祝いの気持ちは伝わる気がします。

Aiko's語録

誕生日は
その子が
この世に生まれた
うれしい日
心を込めて
「おめでとう！」

こんな時、どうする？

Q 誕生会での保育者の出し物がどんどんエスカレートして、負担になっています…

A 時間をかけず、シンプルで子どもの心をつかむものを

誕生会の出し物担当を持ち回りにしている園も多いでしょう。もっといいものを、と張り切るのはいいのですが、そのために練習や制作に時間がかかり、苦痛になることも。ここは思い切って、あなたからリセット！　時間をかけず、シンプルで、子どもの心をつかむものを考えてみて。私は、ほかの先生の負担にならないように、１人でできるものにしました。すると、いろいろなアイデアが浮かんできて楽しかったです。

PART:3

05

お泊まり保育、してますか？

お泊まり保育の前日は命を預かる緊張感で必ず下痢をしていました…

「お泊まり保育」をやっている園、多いですよね。いったい、いつごろから幼児を泊めるなんてことを始めたのでしょう。何も5歳児が泊まれなくたっていいじゃないですか。小学校だって修学旅行は5、6年生ですよね？

しかし、今『りんごの木』では、5歳児が7月に川遊びをしに丹沢に一泊、冬は雪遊びをしに山梨県に一泊しています。

ここに行き着くには、経緯があります。

幼稚園に勤めていたとき、やはり7月に観光バスで出かけて一泊するお泊まり保育がありました。でも、保育者は大変。いつも生活を共にしているわけではないので、みんないっしょにお風呂やら、食事やら、歯磨きやらと進めていくのが大変でした。さらに夜になるとどこかですすり泣く声…、「トイレ！」…、と一睡もできませんでした。お泊まり保育の前日は必ず下痢をしていました。一泊でも子どもたちの命を預かるという緊張感からだと思います。

無事に帰ってくると、「とまれた！」という自信に満ちた子どもとお母さんとの対面をうれしく思いました。生活感のない幼稚園での友達関係も、お互いの距離が短くなるような気もします。けれど私は、「やらなくてもいいんだったら絶対やらない」と堅く思っていました。

「行く」「行かない」は自分で決めてもらうことに

やがて、『りんごの木』を始めましたが、「これだけはやらない」の気持ちは堅く、年間予定には入れませんでした。ところが、初期の4、5歳児は全部でたった9人くらいでした。ちょっと大きな家族みたいなものです。あるとき、子どもが言いました。「あのさ、ずーっとあそびたいしさ、だからとまりたい」って。

ギョッとした私は言いました、「だって、夜になって泣いたりするでしょう?」。するとない「ないたりしないよ」。もう、実行するよりありません。『りんごの木』に泊まりました。確かに、誰も泣きませんでした。いえ、喜んでいました。

これを皮切りに、じゃあ、せっかくだから川があるところへ、遊べるところへと出かけることになったのです。泊まりだと体験範囲は広くなります。

仲間関係がしっかりできている子どもたちなら、そんなに高すぎるハードルではないと思いました。

だんだん、当たり前のようにお泊まりをしてきたのですが、やはり気が進まないというか、行きたくないという子が登場してきました。

一応、行き先でどんな楽しいことが待っているかを話します。具体的に不安を解消するために、おねしょや指しゃぶりなどにも触れます。1日のタイムスケジュールも見せます。情報を全部紹介し、子どもたちの気持ちも受け止めて、前々日くらいに自分で「行く」「行かない」を決めてもらいます。

かつて、行かなかった子どもが三人います。全員が「おかあさんといっしょじゃないなんて、かんがえられない」という理由でした。無理矢理連れて行く方法もあるとは思いますが、自分の気持ちに向き合って、自分で出した結論を実行することは、きっとその子のプラスになると考えています。

「年長だから」と焦らない　その子の育ちは、その先にあることも

「行った」「行かない」が、その後の子どもの友達関係には決して響きません。「行かない」と言ったしんちゃんは、そのときに友達からもらった川の石を大事に持っていました。やがて高校生になった彼は生徒会長をしたそうです。その子によって、どこで伸びていくかはわかりません。年長児なんだからと、どうしても花開かせたくなってしまう私たちですが、その子の育ちはまだ先にあることも。

『りんごの木』では、年長児が一泊した同じ場所で、卒園生の同窓会キャンプをしています。小学生は二泊、中学生からは一週間いてもいいことになっています。行かなかったしんちゃんは、3年生の時に参加しました。毎年、同じ場所で懐かしい仲間たちと会えるのはうれしいものです。が、今や参加者が140人を越えて悲鳴を上げています…。

Aiko's語録

5歳児が泊まれても泊まれなくてもその後の人生に変わりなし

こんな時、どうする？

Q お泊り保育で、子どもたちに育つものってなんでしょうか？

A 親と離れて過ごせた自信、そして友達関係が深まることも

何よりもお母さんと離れての夜を過ごすのは、子どもにとって初めての体験。背伸びして、自分に挑戦するのですから、それだけでもちょっと成長するでしょう。また、いつもは園でしか会っていない仲間の違う生活面を知るのも新鮮です。関係が深まるかもしれません。しかし、お泊まり保育に「行かない」ことを決断し、実行するのも大きな成長です。

PART:3

06

「トントンまーえ」で並ばせていますか？

昔から伝わる魔法みたいな保育の技、使ってますか？

これ、だれが考えたんでしょうね？　ずーっと昔から、全国の幼稚園、保育園で見られます。著作権があったら、すごいかも。

不思議です。「トントンまーえ」とやっているうちに並べちゃうんですから。

こういう魔法みたいな保育の技っていくつかありますよね。

「お片づけ、お片づけ」と、ピアノや歌を歌いながら日々片づけていて、いつの間にか音楽を流すと、子どもたちが片づけ始めるようになっているのを初めて見たときには、ほんとに驚きました。「お口にチャック」「手はお膝」もそうです。「トントンまーえ」はみなさんご存じでしょう？　2回拍手して3回目に手を前に出すのを繰り返す、唱え文句。小学校では「前にならえ！」という号令です。普通の言葉で言うと、「一列に並びましょう」。

「お片づけ」は、普通の言葉で言うと「片づけましょう」。

「お口にチャック」は、「静かにしましょう」「しゃべるのをやめましょう」。

「お背中ピンと、手はお膝」は、「姿勢を正しましょう」。

「まーるくなあれ、まーるくなあれ、いちにのさんのポン！」というのもありました。みんなで手をつなぎ、この歌を歌い、ポンで両手のひらを真ん中に向ける。きれいな輪になります。

なんだか調教しているような気持ちに…
ちゃんと言葉で伝えるほうが私は好きです

これらは初め、すごく驚きました。年配の先生ほど知っていて、子どもをうまく操ります。でも、なんだか、ちょっといやな気持ちになっていました。何か知らないものに子どもが操られているような、調教されているような、いやな気持ちなのです。

「並ぼうね」「今から、話すから静かにしてね」「背中をピンとしてみせて」など、それも、ちゃんと子どもに意味がわかる言葉で伝えた方がいいと私は思います。思うようにいかなかったり、時間がかかったりはするかもしれませんが、お互い人なんですから、ちゃんと話すのが私は好きです。

Aiko's語録

子どもを動かすための"便利"は要注意 ちょっと立ち止まって考えよう

こんな時、どうする？

Q クラスがなかなかまとまらず、主任からほかの先生と比べられるのがストレスです…

A まとめられないことは、能力がないことではありません

まとまらないからといって、保育がへたというわけではありません。子どもの声に耳を傾けることで、統率がとれなくなってしまう…というのはいけないことではないと思います。主任には「どうしたらいいのでしょう？」と聞き返し、ヒントをいただくというのもひとつの手です。

PART:3

07

みんなで折り紙は無理！

折り紙を一斉保育でやると大混乱
みんなでやる必要、あるのでしょうか？

幼稚園に勤め、経験浅い日のことです。

毎月の制作帳に、その月にふさわしい折り紙をして貼り、絵を書き足したりして仕上げる課題が４歳児からありました。これが大変。

４月はチューリップ、５月は菖蒲、６月はあじさい、７月は朝顔といった花が多かったです。私はさして折り紙はうまくなく、身についているのは鶴だけでした。でも、なかなか楽しいものです。私自身がするのはね。

これを一斉保育の中で教えることが大変。まず、「角と角を合わせて」ということからできない子どもがたくさんいます。「三角になったらアイロンをするよ」と指で折り、場所を子どもたちに見えるように宙に浮かせて示します。

一工程進める度に「こお？」「わかんない」「どうやんの？」コールが連発！「待ってて。よく見てて」とこちらも連発。しかし、前に出てきてしまう子もいます。「折り紙をみんなでやる必要があるのだろうか…」と、そのたびにどっと疲れていました。どうして、日本の幼児教育には折り紙が組み込まれているのでしょう？

折り紙は日本のすばらしい文化でもあります

でも、折り紙は日本のすばらしい伝統的な遊びだと思います。四角い紙でさまざまな物が作れる、それも立体的にしてしまうなんてすごい技です。子どもたちも折り紙をよく使います。本来の折るということではなくても、ちぎったり、のりでつけたりという使い方から、徐々に折り紙に移行していきます。興味を持った子は、どんどん技を磨いていきます。

かつて「折り紙博士」と名づけた子がいます。それはそれは、器用に折っていきます。それも、折り紙の本を見ながらです。こういう子って、ときどきいますよね。本を見て折るのは難しいし、それを反対側にいる人に教えるのはもっと難しい。あやとりもそうですけどね。自分がやれても人に教え

るのは難しい。ところが、この博士は、人に教えるのもうまいのです。

そうです。一斉に私が教えようとするから無理がある。自由遊びの時間に個人的に折り紙を使わせて、何人か博士を作っておけば助手になります。もしくは、一斉ではなく折り紙コーナー的にやればいいのかもしれません。

でも、折り紙に対しての興味が全員にあるわけではないのでね。「好きな子がやればいい」というのが、今のところ思うことです。

ちなみに、かつての折り紙博士は大学生になっています。「今、何折れる？」と聞いたら、「すべて忘れた。鶴ぐらいかな」ですってよ！

Aiko's語録

得手、不得手は当然あるもの
みんなが同じようにできることが大事なのではない

PART:3

08

制服っているんでしょうか？

制服は何のためにあるのでしょう？

そもそも制服ってなんでしょう？　学校や職場、みんな同じ服を着るのはなぜ？　組織のブランド？　所属をはっきりすることで自制心や規範意識をもたせるため？　毎日着る物を考える時間を省くため？　とめどなく派手になってしまうので歯止めをかけるため？　乱れた服装になると、学校の名誉に傷つくから？

そんなことくらいしか思い浮かばないのですが、ことに、幼稚園に制服はいるのでしょうか？　今や私立中学校などは「〇〇デザインの制服」で、応募者が増えるそうですが、幼稚園もそのノリでしょうか？　いやぁ、子どもはそんなことトンとわかりませんから、親の気持ちをくすぐるのでしょう。「〇〇デザインの制服ウン万円」と案内書にまで明記されています。

みんな同じ服だと十人十色がわかりにくくなります

しかし、見てくれのいい、汚してはいけない服はやっかいです。知人の子どもの幼稚園の送迎はバスです。家で制服を着てすぐ近くのバス停まで行きます。でも幼稚園に着くと、汚れてもいいスモックに着替えるそうです。行きに帰りに、この作業があるのですから「着替えだけはうまくなり

ました」と、親の弁。

某有名私立幼稚園では、登園時は制服に革ぐつ。着くと上履きに履き替え、遊び服に着替え、園庭で砂場をしたくなったらブルマに履き替え、園庭用のくつになります。つまり、くつ3足、服3着をたった4時間の間に使いこなして遊ぶのです。着せ替え人形の練習をしているみたいです。ちなみに3歳児からそうするのです。何をするために幼稚園に行くのでしょう?

だいたい、みんな同じ服を着ていると、子どもの十人十色がわかりにくいです。ひらひらしている服が好きな子もいれば、一年中半ズボン半袖で過ごす子もいる。服も含めて、その子らしさを表現しているのです。

私は制服のない園に勤めたとき、十人十色を実感しました。

Aiko's語録

制服に
ごまかされては
いけない
その子は
“世界にひとり”の
その子なのだから

こんな時、どうする？

Q **おしゃれにこだわりのある保護者の子で、遊びにくく、危なそうな服を着てくる子がいます…**

A **本当に危ない場合は、服の趣味は肯定しつつ事実を伝えて**

いーます、います。フリルがついた、かわいらしいドレスを着てくる子。そんな親子にとっては、汚れてもいい服なんて、外に着ていくには恥ずかしい…なんて思っているかもしれません。ですから、手強いです。遊びにくく、危なそうな状況が本当に起きているかどうか、よく観察してください。趣味は趣味として肯定し、保育場面での事実を話し、心配を伝えて、納得してもらうといいでしょう。

PART:3

09

子どもの名前の呼び方

子どもを一人の人間として尊重するようになると「先生」と呼ばれることに違和感を覚えました

幼稚園に勤務していたころは、子どもたちの名前を男の子には「くん」女の子には「さん」づけで呼んでいました。子どもたちや親たちには「愛子先生」と呼ばれていました。『りんごの木』を始めたころもそうでした。

ところが、だんだん、ついつい子どもの名前を呼び捨てにしてしまうのです。

考えてみると、家で親はわが子をたいてい呼び捨てにしています。子どもとの距離が近づくにつれ、そうしようという意識的なものではなく、自然となっちゃうものなのでしょうか？

子どもたちに寄り添ってみると、子どもは自ら育つ力を持っているし、ちゃんと考えてもいると思うようになりました。言い換えると、一人の人間として尊重できる相手であると思ったとき、私だけが個人名ではなく、「先生」という肩書きで呼ばれていることに違和感を覚えるようになりました。

「先生に言いつけるよ」「先生の言うことは聞きなさい」「先生に言われたでしょう？」「先生はなんて？」と、親たちが使う「先生」という言葉は権威を表しているようにも思うのです。私は子どもたちの上に立って、権威を持って保育をしようとは思わなくなっていました。

子どもには何て呼ばれたいかを聞いて私は「愛子さん」と呼んでもらうことに

そこで、4、5歳児に「自分を何て呼ばれたい?」と、新学期スタート時点で聞くようにしました。名前の子もいますし、ニックネームを言う子もいます。なるべく、その子が気持ちよく呼ばれたい言い方にしようと思ったのです。そして、私も言いました。「愛子さんがいいな」って。

子どもたちはすぐに慣れました。慣れすぎて「あいこ!」って呼び捨てにさえなってしまいます。それは、バカにしているのではなく、親しみを込めた関係でこそ言い合える言い方なのです。

しかし、親はそうはいきません。

どうしても「愛子先生」になってしまうし、「先生をつけないのは違う」という人もいます。それで、親たちには「さん」の代わりに「先生」をつけていただくのは結構です。しかし、権威のある人としての「先生」としては使ってほしくないことを説明しました。

親に「愛子先生と言いなさい」と言われている子どもは、なんと親の前では「愛子先生」と呼び、子どもだけのときには「愛子さん」と言ったりして、たいしたものです。

そのときから20年が経ちました。今では、親たちも、ごく自然に「愛子さん」と呼んでくれています。

Aiko's語録

呼び捨ては美しくないけれど呼び捨てができる間柄はステキ

PART:3

10

脅かしていませんか？

片づけない…、運動会の練習でダラダラ…
そんなとき、イライラした声になっていませんか？

「早く片づけましょう！」と、先生が声をかけても、子どもたちはいっこうに片づけません。

すると「もう、お弁当食べなくていいのね！」と、イライラした先生の声が響きます。子どもは片づけたいというより、先生の尋常じゃない気配を感じて慌て

て片づけ始めます。

運動会の練習、暑さもあって子どもたちはダラダラ。すると「次は何すんだっけ？　じゃあ、どうすればいいの？」とイライラした先生の声、やがて「もう、運動会やらなくていいのね！」と、強い口調。

慌てた子どもたちは「やりたい！」と懇願。

「じゃあ、ちゃんとしなさい。自分が何をしなくちゃいけないのか、わかっているでしょう！」と怖い声。

「静かにしましょう」と集会の席。ぺちゃくちゃしゃべっている子どもが必ずいます。「○○ちゃん、今、先生は何て言った？」無言の子どもに、「何て言ったか言ってごらんなさい！」「耳はないんですか？」「静かにできないなら、お部屋から出てもらいます！」子どもはにらむか、静かに泣くか…になります。

こういう脅かし、やっていませんか？

必死になるほど、脅かしている…
でも、それは自分のためなんですよね

私もかつてやっていたのかもしれないんです。

一生懸命になればなるほど、子どもを思うようにさせたいと思えば思うほど、脅かしているんです。

特に、運動会の直前の自分の姿は思い出したくもありません。

長年保育してきて、子どもの気持ちを受け止めようと思うようになり、ほかの園の必死な先生の姿が客観的に見られるようになりました。

すると、かなり脅かしています。

脅かして子どもを従わせるのは、ただ力関係を使ったことにすぎません。まして、子どものためではありません。実は自分のためなんです。

そう考えると、ちょっと恥ずかしくありませんか？

Aiko's語録

強者は強者である自覚をなくすと恐ろしい

こんな時、どうする？

Q 「先生、先生」と呼ばれていると、偉くなったような気分になり、つい命令口調になっていることが…

A いばってしまうと心が通い合う関係にはなれません

そうなんですね。人間、いばるって気持ちいいものなんです。特に、園は先生と子どもの密室ですから、うっかりすると命令で子どもを動かしてしまいがち。しかし、それでは子どもとのいい関係はつくれません。だって、いばってばかりの人って、いやじゃないですか？　心が通い合う関係になりたいと思ったら自制しましょう。

愛子流
保育に行きづまったとき

私は3年目にやってきました。
「つまんない！　どうすりゃいいの！」って。
1、2年目は必死で、そんな感情が起きる隙間もなく、3年目になるとおおよその見当がついてきます。すると、余裕も出るけど心がときめかない。
つまり、このまま行くとマンネリ保育になりそう…。
そこをなんとか葛藤しながらこなしていたら、
5年目くらいには自分の中が空っぽになってしまった気がしました。

1 専門書を読む

もっと、自分を高めようと努力することは、現状を変える一つの方法ですね。

2 ほかの園の保育者と話す

求めれば機会は結構あるものです。今ならメールでのやりとりでもいいかもしれませんね。

3 好きな分野の研究会に行く

体操、絵本、音楽など、好きなことなら火がつきやすいですよね。かつて私は、人形劇に興味があり、保育と関係のない人形劇サークルやお店に出入りしていました。保育とは違う人たちと関わりながら、保育に役立つノウハウを学べた気がします。

4 ほかの園を見学する

ほかの園の見学に行くのも結構有効です。評判が良い園でも、悪い園でもどちらでも構いません。心が動き出します。

5 ぼーっと子どもを見る

自分が空っぽだと思ったら、ひたすら子どもを見ることです。すると、「子どもっておもしろい」「○○ちゃんの表情はすてき」「悪ガキグループ、あんなことしてる」と見えてきます。少し距離をおいて眺めていると、また元気が出てきて、子どもと関わりたくなってきます。

6 徹底的に子どもと遊ぶ

鬼ごっこ、サッカーなど、子どもを巻き込み、頭が空っぽになるくらいに身体を動かして遊ぶ。ありったけやると「あー、おもしろかった！　あー、疲れた！」となり、充実した気分になれます。しばらくこれを続けるとエンジンがかかってくるかも。

かつて私は２度、保育者を辞めました。
１度目は５年目。OLになりました。ところが、事務職はあきてしまい、
子どもの顔がチラチラ…。再度幼稚園で働き、また５年で辞めました。
その後、絵本の専門店に見習いに入ったり、バイトをしたり、保育雑誌の手伝いをしたり、
自主保育をしたり…。そして今の『りんごの木』にたどりつきました。
本当にやりたいこと、本当に好きなことは、
辞めてもつながっていくのかもしれませんね。

7 講演会に行く

保育・教育関係の講演会に行くのも刺激になります。帰りに誰かに声をかけたりしてみると、うまくいけば人とのつながりも生まれます。

8 保育者を辞めてみる

まさに自分が空っぽになった気分になり、違うことがやってみたくて、２度保育者を辞めました。「人生長いから、自分をごまかしてしがみついていなくてもいい」というのが当時の私でした。しかし、いろいろな経験を経た後、結局、保育の世界に戻っていました。

―おわりに―

20代始めのころ、子どもの仕事がしたいと思った私には、幼稚園の存在しか思い浮かびませんでした。若い私は、ミニスカートにハイソックスという当時のはやりの服装をしたまま保育者として勤務しました。ところが、子どもが足の間をすり抜けたり、足にしがみついたりしてくることに耐えられず、ジーンズに履き替えました。こんなふうに、子どものように体験したことしか身につかず、たくさんの失敗を繰り返しながら保育をしてきました。自分の気持ちばかりが先行し、園長にもたくさんたてついてきました。若いころの私を見ていた人は、まさか私が一生この仕事を続けるとは思いもしなかったことでしょう。

自分の保育観が落ち着いてきたのは、『りんごの木』を始めてから5年くらいたった40歳に手が届きそうな頃だったように思います。「子どもの心に添う」を基本姿勢にし、子どもをよく見ることにしたころから、すっかり保育が面白くなったのです。いえ、子どもが面白いのです。そして、子どもは「育つ力」を持っていることを確信したのです。〝子どもの育ちを援助するのが保育〟と考えるようになりました。

私が幼稚園に勤め始めた１９６９年ごろと現在では、子どもの家庭環境はかなり変化しま

した。特に仕事を持つ母親の割合はすっかり逆転しました。そして、待機児童ゼロが騒がれるようになり、保育園が増え続けています。これからはますます、乳幼児の育ちは保育現場に任されることになっていくでしょう。

ところが、少子化も相まって、親は子どもの育ちを考えない身勝手なサービスを要求してくることも多くなってきました。現場の私たちが子どもの心と育ちを守っていかなければ、子どもたちが危ういとさえ思っています。そんなときだからなおのこと、〝人が人と育ち合う〟ことを忘れないでほしいのです。保育者は「その人らしく」誠意のある子どもとの関係を持ってほしい。常に保育の原点に立ち返り、子どもと共に育つ人であってほしいと思うのです。このつたない本が、「あなたらしさ」を思い起こすためのお役に立てたら、これほどうれしいことはありません。

きっかけは、鈴木出版を退職された山縣さんが作ってくださいました。その後、菊池さん、乙黒さんがお力添えをくださってこの本ができました。心からお礼を申し上げます。

そして、この本を手にとってくださった方に「共にがんばりましょう!」とエールを送らせていただきます。

柴田愛子

PROFILE

柴田愛子

『りんごの木』代表。保育者。
東京の私立幼稚園で10年保育をした後、『りんごの木』を発足。現在は、「子どもの心に寄り添う」を基本姿勢として『りんごの木』の代表を務めるかたわら、子どもからもらったドラマを、保育者や保護者向けの講演や執筆、絵本というかたちで伝えている。

〈主な著書〉

『りんごの木 のびのび保育ブック』
（鈴木出版）
『子どもたちのミーティング』共著
（りんごの木）
『保護者とのつきあい方50のコツ！』
（学陽書房）
絵本『けんかのきもち』
（ポプラ社）【日本絵本大賞受賞】
絵本『バナナこどもえん ざりがにつり』
（童心社）ほか、著書多数

『りんごの木』とは？

1982年、３人の元保育者で「子どもに関わるトータルな活動」をめざして創設。現在は、２歳から就学前の幼児保育のほか、造形、音楽、あそびなどの各教室を開設する「りんごの木子どもクラブ」をはじめ、保育雑誌への寄稿やセミナーなどを主催する「ワークショップ」、書籍やＣＤの発行と販売をする「出版部」の３つの分野で活動中。

りんごの木ホームページ
http://www.lares.dti.ne.jp/~ringo/

イラスト　すがわらけいこ
デザイン　倉持良子
編集担当　菊池文教　乙黒亜希子

それって、保育の常識ですか？
ほんとうに大切なこと35

2014年4月11日　初版第1刷発行
2018年1月12日　初版第7刷発行

著　者　柴田愛子
発行人　鈴木雄善
発行所　鈴木出版株式会社
〒113-0021　東京都文京区本駒込6-4-21
電話 03-3945-6611（代）　FAX 03-3945-6616
振替 00110-0-34090
◆鈴木出版ホームページ　http://www.suzuki-syuppan.co.jp/
印刷所　図書印刷株式会社

　ISBN978-4-7902-7238-0　C2037